新宿会計士の
政治経済評論

数字でみる「強い」日本経済

「コロナで
日本は
どうなる?」を
データで検証!

ビジネス社

はじめに　未曽有のコロナ禍、どうなる日本経済

日本政府観光局の発表によると、２０２０年４月の訪日外国人は２９００人（推計値）でした。１年前の２０１９年４月の訪日外国人が約２９３万人だったため、計算上、日本を訪れた外国人がちょうど１０００分の１（！）にまで減ってしまった格好です。その理由は、いうまでもなく、中国発の武漢コロナウイルス蔓延《まんえん》にともなう武漢肺炎の感染拡大を受け、日本政府が世界中のほとんどの国を対象に、入国拒否の措置を講じているからです。日本政府はこれまで、「東京五輪が開催される２０２０年までに、訪日外国人を４０００万人に増やす」という野心的な目標を掲げて来ました。しかし、その肝心の東京五輪自体、開催が１年延期となってしまっただけでなく、本書執筆時点において東京五輪が本当に開催できるのか見通せないという状況にあります。

日本経済を巡る問題は、これだけではありません。コロナ禍以前において、日本経済の変調はすでに生じていたのです。いうまでもなく、2019年10月、財政再建や社会保障財源などの名目で、消費税・地方消費税の合計税率が10％に引き上げられましたが、その結果、2019年第4四半期（10－12月期）には国内総生産（実質季節調整後）が年率換算で7・2％というマイナス成長を記録してしまいました。

新聞、テレビを見ると、「日本は国の借金が1000兆円を超えている」、「国民一人あたりで計算すれば、赤ちゃんからお年寄りまで、800万円を超える借金を抱えている」、「このままだと日本は将来、財政破綻《はたん》する」などといった、非常に恐ろしい話題も目にします。コロナ禍の結果、日本経済は甚大な打撃を受けることは間違いありませんし、だからといってそこから回復するために財政出動をすれば、「国の借金」はさらに膨らむかもしれません。うまく一時的に日本経済が回復したとしても、財政破綻のリスクは迫ってくるのだと考えると、本当に憂鬱《ゆううつ》になります。そして、ただでさえ重い消費税などの国民負担が、増税によってさらに増えてしまうのだとしたら、いよいよ日本経済はお先真っ暗です。

さらには、昨今の日韓関係の悪化を受け、韓国側で「ノージャパン」運動が広まるなど、韓国への輸出にも急ブレーキがかかっていると報道されています。新聞やテレビは日

はじめに

本が「輸出立国」だとしきりに強調しているため、韓国を始めとする近隣国との関係悪化は日本経済に悪影響をもたらすのではないかと心配でなりません。しかし、「国の借金」、「財政破綻」論が、もしも「ウソ」だったとしたら、いったいどうなるでしょうか？　そもそも2019年の消費増税自体が不必要だったとしたら？　そもそも日本経済にとって、中国や韓国などの近隣国との関係はそこまで重要ではないのだとしたら？

本書はこうした私たちの常識を、「数字」を使って打ち破ってみようという試みです。

さて、本書にはもうひとつ、「隠れた狙い《ねら》い」があります。それは、「インターネット社会において、情報発信はもはや限られた一握りの人たちの特権ではなくなった」、ということを、自分自身が実践することで証明したい、というものです。

著者は「新宿会計士」のペンネームを使い、『新宿会計士の政治経済評論』というウェブ評論サイトを運営している「金融評論家」です。

インターネットが出現する以前、「全国津々浦々に向けて日常的に情報を発信する」というのは、全国紙、全国ネットテレビ局など、ごく限られた人たちの特権でした。このため、私たち一般人が新聞やテレビを中心とするマスメディアの報道に疑問を抱いたとしても、そうした疑問を発信する手段がなかったのです。

しかし、現代社会では、インターネットが私たちの生活の隅々にまで浸透したことで、ついに「誰でも情報発信できる時代」が到来しました。そして、本書の著者こそ、「マスメディア関係者でもない一般人でありながら日常的に情報発信すること」を実践している人間の一人なのです。

著者はもともと、大手ブログサイトで趣味的にささやかなブログを運営していたのですが、起業したことを契機に2016年7月以降、ウェブサイトを新設し、現在は中小企業を営む一方で、「まったく無名のウェブ評論家が言論空間でどこまで自分の考えを伝えることができるか」という社会実験を行っているところです。新聞、テレビなどのマスメディア、あるいは著名な評論家などが流す情報と異なり、どこの誰が書いているのかわからない記事というものを人々から支持してもらうためには、「そこに書いてある内容」だけで勝負しなければなりません。そのために著者がウェブサイト執筆にあたって目的にしているのは、「できるだけ客観的で誰にでも簡単に手に入れられる情報をもとに議論をすること」と、「読者の皆さまの知的好奇心を刺激すること」です。

これが実践できているのかどうかはわかりませんが、それでもまったく宣伝していないにもかかわらず、ウェブサイトのアクセス数は少しずつ増え、2019年8月には瞬間的に1日あたり最大20万件というページビュー（ＰＶ）を記録したことは、ひとつの成果だと考えています。『新宿会計士の政治経済評論』がここまで多くの人々に読んでもらえるようになったということ自体、インターネット側の影響力が日々、強まっている証拠ではないかと信じている次第です。

２０２０年7月吉日

著者

目次

第2章　最強日本を支える円の実力

第3章　中国と韓国がなくても日本は大丈夫

第4章　コロナが変える日本経済

序章

コロナ対策はもっと国債をばら撒け

「未曽有の武漢コロナ禍は、日本経済をどん底に叩き込む。国の借金が1000兆円を超えている日本は、財政出動によってやがて首が回らなくなり、財政破綻へと突き進む」――。こんな悲観的なシナリオを描いている人は、決して少なくないでしょう。それもそのはずで、マスメディアや財務省の御用学者らが「日本は財政危機にある」と、私たち一般国民に対し、一生懸命に刷り込み続けたからです。しかし、もしも「日本は財政危機にある」という指摘が間違っていたら、この議論はどう変わるのでしょうか？

① コロナで財政破綻は大丈夫か？

２０２０年は、東京オリンピック・パラリンピックが予定されていたはずの年でした。しかし、これは本書執筆日時点において、１年延期されることが確定しています。その理由はもちろん、「武漢コロナウイルス」の蔓延にあります。

このウイルス、もともとは中国の武漢市で最初の症例が発生したとされるため、本書ではあえて「武漢コロナウイルス」などと呼ぶことにしているのですが、現在ではウイルスの正式名称は「ＳＡＲＳ－ＣｏＶ－２」、このウイルスが引き起こす感染症は「ＣＯＶＩＤ－19」と呼ばれています。

ただ、本書でも詳しく触れていくとおり、武漢コロナ禍は経済のさまざまな局面でも深刻な影響を及ぼし始めています。その意味では武漢コロナ禍は単なる医療問題にとどまらず、「経済問題」としての側面を持っていると言わざるを得ません。

たとえば、経済産業省が６月にまとめた資料などによれば、世界銀行は２０２０年における世界全体の実質経済成長率が５・２％のマイナスに落ち込むと予想しているそうですが、これは米投資銀行大手のリーマン・ブラザーズの経営破綻に端を発する金融危機が発生した２００８年のマイナス０・１％を大きく上回るものです。

　また、わが国の場合、安倍政権は2月末に全国の一斉休校要請などを行い、3月以降は段階的な入国制限措置、そして4月には緊急事態宣言を出すなど、事態はどんどんと進んでいきました。本書執筆日時点において緊急事態宣言は解除されていますが、それでもコロナ感染症の収束に向けて楽観的な見通しは難しい状況が続いています。また、世銀の予測によれば、日本経済は２０２０年を通じて６・１％のマイナス成長が見込まれているそうです。

　そうなってくると、当然、大規模な財政政策、金融政策のミックスを議論しなければなりませんが、その際にネックになるのが、「日本は『国の借金』が１０００兆円を超えており、日本の財政は危機的状況にある」、「安易な財政出動をしてはならない」、といった「国の借金」論です。この「国の借金」論、とくにマスメディアが大好きで、日々、「国民一人あたり数百万円の借金がある」だの、「将来もっと増税が必要になる」だのと喧伝《けんでん》しているのですが、はたしてこれは正しいのでしょうか。

　結論的に言えば、「国の借金」論は、虚構です。

　いや、もっと言えば、単なる虚構であるだけでなく、必要な財政出動ですら阻むほど有害なものでもあります。これについて読み解く「カギ」が、「資金循環統計」と呼ばれる統計なのです。

②おカネの流れを見れば日本は問題なし

とても当たり前のことですが、金融商品の世界では、誰かにとっての金融負債は、ほかの誰かにとっての金融資産です。たとえば、ある人がある銀行におカネを預けているとしましょう。この人から見ると銀行預金は金融資産ですが、銀行側から見れば、金融負債です。このように、世のなかのありとあらゆる金融資産は、裏側では金融負債であり、世のなかのありとあらゆる金融負債は、裏側では金融資産である、という関係にあるのです。

そして、国全体について、誰が誰にどういう形態でおカネを貸しているのか（投資しているのか）という状況を示した客観的なデータが、「資金循環統計」です。これは、政府、企業、家計、金融機関といった国内の経済主体について、金融資産・負債の残高などを、現金・預金や貸付金、有価証券といった種類ごとに記録した統計のことです。ただし、現実の資金循環統計はデータ量も大変に多くて読みづらいのですが、「家計」、「金融仲介機能（預金取扱機関、保険・年金基金、中央銀行）」、「資金需要主体（中央政府、非金融法人企業、海外）」に限って、主要項目について「バランスシート」形式で一覧にしたものが、18－19ページの図表です。

わが国の場合、家計が保有する金融資産の総額は1900兆円を超えていて、そのうち

おカネの流れ

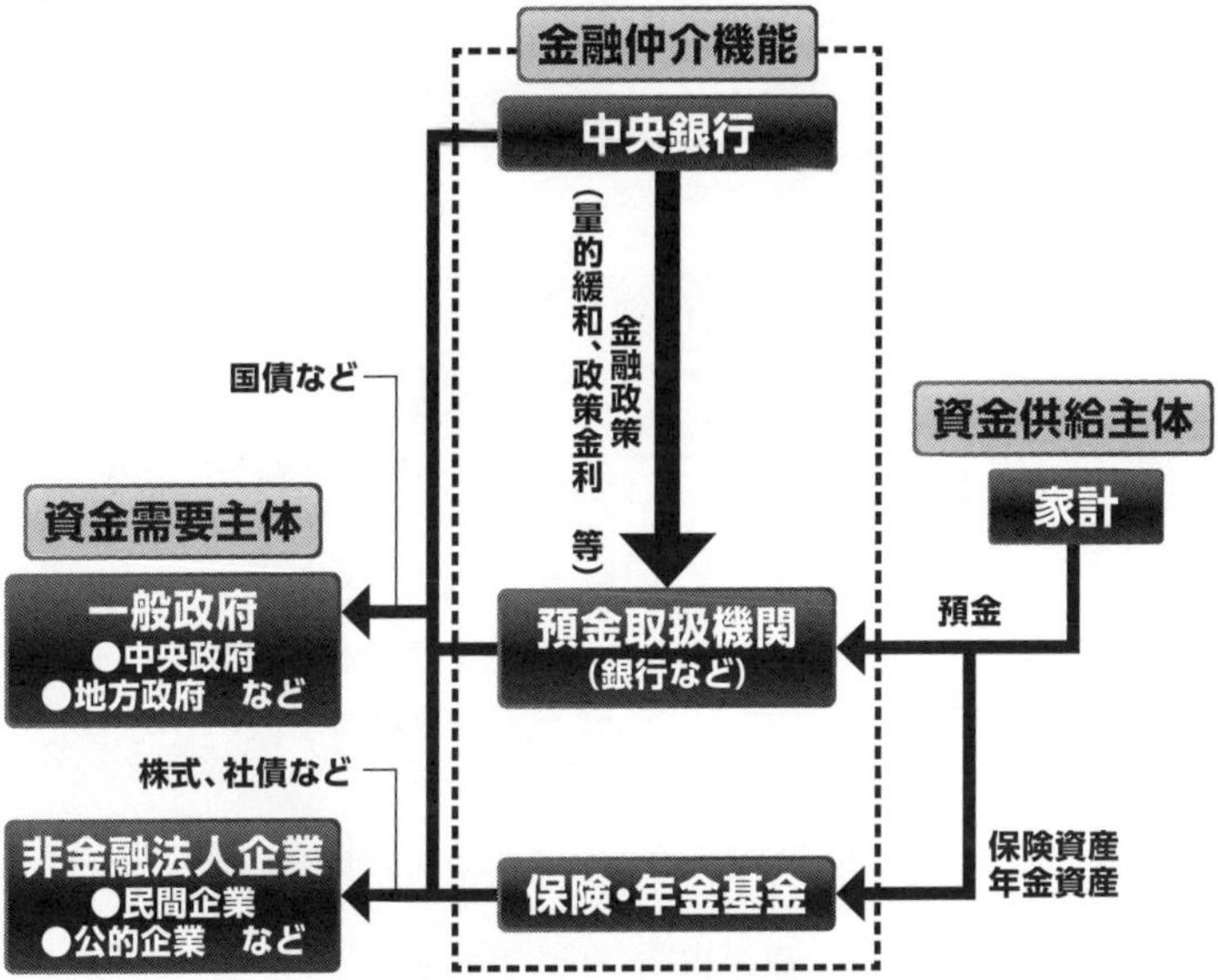

の半額以上、つまり1000兆円を超える金額が「現金・預金」、次に多いのが500兆円を超える「保険・年金」等の資産で、この2項目だけで家計資産の8割を超えています。これらの資金の多くが銀行や信金といった金融機関（預金取扱機関）や保険会社、年金基金などの「機関投資家」に流れ込んでいるということですが、これらの機関投資家は一般国民などから預かったおカネを何らかの金融資産に運用しなければなりません。教科書的には、これらのおカネ

の　状　況 （※2019年12月末時点。兆円単位、単位未満四捨五入）

家計

資産 1903兆円	負債 328兆円
<主な内訳> 現金・預金…1008兆円 保険・年金等…528兆円 株式・投信等…286兆円	<主な内訳> 貸出…319兆円 うち住宅貸付…214兆円
	資産負債差額1575兆円

家計の金融資産の残高が**1900兆円**を超えており、なかでも現金・預金の残高が**1000兆円**、保険・年金等の残高が500兆円を超えている。

金融仲介機能

預金取扱機関

資産 2024兆円	負債 1971兆円
<主な内訳> 現金・預金…566兆円 貸出…814兆円 有価証券（※下記3項目合計）…527兆円 うち債務証券…293兆円 うち株式・投信…117兆円 うち対外証券投資…117兆円	<主な内訳> **現金・預金…1517兆円** うち流動性預金…760兆円 うち定期性預金…687兆円 貸出…285兆円

預金取扱機関の負債側に計上されている現金・預金は**1500兆円**を超えているが、貸出金残高は800兆円少々に過ぎず、残額は現金・預金（日銀当預など）に**600兆円**弱、有価証券に500兆円投資されている。

保険・年金基金

資産 674兆円	負債 588兆円
<主な内訳> 債務証券…319兆円 株式・投信…75兆円 対外証券投資…138兆円	<主な内訳> 保険・年金・定型保証…532兆円

保険・年金基金も資産の大部分を有価証券に投資している。

中央銀行

資産 603兆円	負債 566兆円
<主な内訳> 債務証券…500兆円 うち国債・財投債…485兆円	<主な内訳> 現金…118兆円 日銀預け金…401兆円

中央銀行（日銀）は国債等を中心に巨額の有価証券を保有し、それらを裏付けとしてマネタリーベース（現金＋日銀預け金）は**500兆円**を超えている。

金　融　資　産　・　負　債

資金需要主体

中央政府

資産 244兆円	負債 1128兆円
＜主な内訳＞ 株式等…54兆円 対外証券投資…120兆円	＜主な内訳＞ 国庫短期証券…95兆円 国債・財投債…940兆円
資産負債差額 884兆円	

中央政府の金融負債は**1100兆円**を超えているが、その大部分は**国債・国庫短期証券**（1000兆円あまり）である。また資産側には対外証券投資や政府系法人等への出資金など**200兆円**を超える巨額の金融資産が計上されているため、資産負債差額（つまり純債務）は**884兆円**に減少する。

非金融法人企業

資産 1292兆円	負債 1993兆円
＜主な内訳＞ 現金・預金…267兆円 貸出…50兆円 上場株式…139兆円 非上場株式…167兆円 企業間・貿易信用…228兆円 対外直接投資…147兆円	＜主な内訳＞ 貸出…489兆円 事業債…61兆円 株式等…1101兆円 うち上場株式…598兆円 うち非上場株式…410兆円 企業間・貿易信用…201兆円
資産負債差額 596兆円	

預金取扱機関等にとっての重要な貸出先であるはずの非金融法人企業が借りている金額は**500兆円弱**に過ぎず、株式（つまり自己資本）で**1100兆円**を調達している。

海外

資産 729兆円	負債 1101兆円
＜主な内訳＞ 貸出…190兆円 債務証券…184兆円 株式等…238兆円	＜主な内訳＞ 貸出…160兆円 対外直接投資…189兆円 対外証券投資…629兆円 うち外貨準備…144兆円
資産負債差額 372兆円	

わが国で使い切れなかったカネが海外に流れており、海外の金融負債（つまりわが国の経済主体から見た金融資産）は**1100兆円**を超えている。海外の純債務（つまりわが国から見た純資産）は**372兆円**に達している。

※なお、資金循環統計上「有価証券」という項目は存在しないが、本図においてはわかりやすさのため、「債務証券」（つまり債券）、「株式等・投資信託受益証券」（つまり株式・投信）、「対外証券投資」（つまり外債）3項目を合算したものを便宜上「有価証券」と表示している。

は産業などの資金需要部門（図表でいう非金融法人企業）などに貸付や社債などの形で供給されなければならないのですが、長引くデフレのためでしょうか、預金取扱機関の貸出は800兆円あまりに過ぎず、残りは貸出以外の手段で運用しなければなりません。

ひとむかし前であれば、預金取扱機関は国債を買っていれば良かったのですが、現在では日銀が巨額の金融緩和の一環として国債を買い占めてしまっているため、むしろ機関投資家としては「投資対象」である国債の奪い合いのような状況となる一方、仕方なしに日銀当預や「債務証券（債券）」、「対外証券投資（いわゆる外債など）」で運用せざるを得ない状況にあります。

こうした「カネ余り」のひずみが出ているのが、「海外部門」です。海外部門は、本来は日本国内と海外の資金のやり取りの状況を示すものですが、図表でもわかるとおり、この海外部門の金融負債の純額（資産負債差額）は400兆円弱に達しています。これは、純額で400兆円弱のおカネが、日本国内で使い切れずに海外にあふれ出してしまっている、という意味でもあるのです。

本書は以後、資金循環統計を始めとするさまざまな統計データを手掛かりに、日本経済の姿を「数字で」追いかけてみようと思います。さっそく、始めていきましょう。

第1章

日本は絶対に破産しない

国の借金論というものがあります。これは、簡単にいえば、「①現在の日本では『国の借金』が1000兆円を超え、GDPの2倍に達している」、「②このままだと財政破綻は不可避だ」、「③だからこそ日本は財政再建が必要だ」、「④財政再建のためにはプライマリバランスの黒字化（増税と歳出減）が必要だ」、という議論であり、「増税しなければならない」という論拠のひとつでもあります。しかし、結論からいえば、この①〜④の議論は、すべて間違っています。本章ではこれについて確認していきましょう。

①ウソだらけの「国の借金」論

「国の借金」、という議論があります。これは、国債などの中央政府の債務を「国民一人あたり」で割って、「生まれたばかりの赤ちゃんから老人に至るまで、一人あたりいくらの借金を背負っているのか」、という議論です。国民にとっては非常にわかりやすい議論であるためでしょうか、多くのメディアでこの手の論調を見かけることが多いです。

この点、資金循環統計のデータが存在している1997年12月以降、国債の発行残高（※時価ベース）についてグラフ化したものが、図表①です。数値で見てみると、たしかに国債などの発行残高は増え続けています。具体的には、2019年12月末時点における広い意味での国債（厳密には国債、財投債、国庫短期証券）の残高は時価ベースで1132兆円であり、これを日本の人口（2020年4月1日時点概算値：1億2596万人）で単純に割ると、約900万円です。つまり、この「国の借金」論、国民一人あたりで割って見せることで、私たち一般人にも「山ほどおカネを借りたら返せなくなるでしょ？」「日本は財政再建が必要でしょ？」と訴えかけるテクニックなのです。

しかし、この「国の借金論」、「本来、借金を返す義務を負っているのは、日本国民ではなく日本政府である」、という点を無視している時点で、明らかな詭弁《きべん》です。つまり、先

「国の借金」はたしかに増え続けているのだが…

■図表①　増え続ける「国の借金(※時価ベース)」

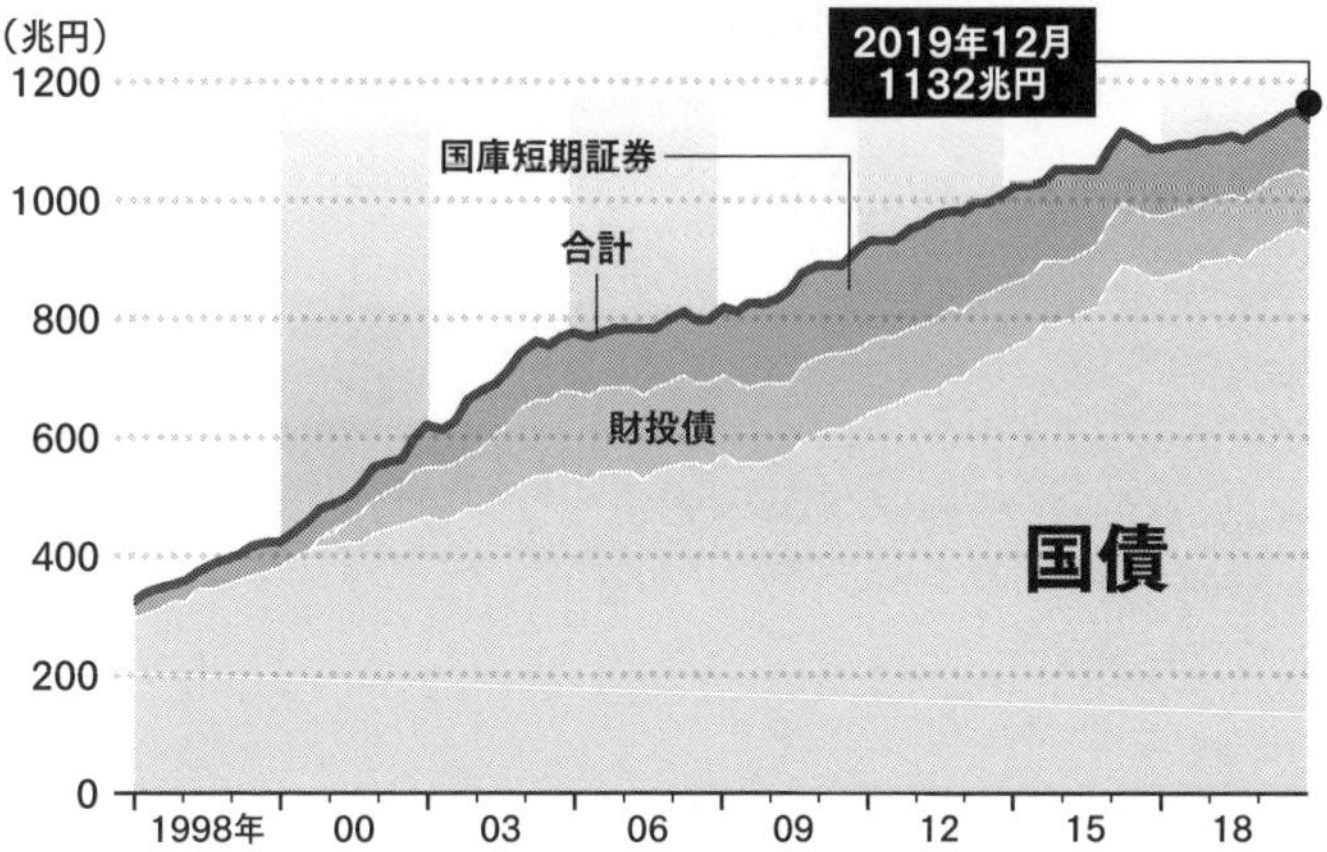

【出所】日銀『データの一括ダウンロード』のページより『資金循環統計』データを入手して加工

ほどの1132兆円は「国の借金」ではなく、正しくは「中央政府の金融負債」ですし、しかも、これを返済する義務を負っているのは「個人としての国民」ではなく、「国家・中央政府」です。

また、日本や外国で、国債が債務不履行（デフォルト）を発生させたという事例はいくつか存在するのですが、後述するとおり、これらのデフォルト事例については、終戦直後などの特殊な事例を除けば、「ある共通の特徴」があります。そして、この「デフォルトする国に存在する共通の特徴」については、日本国債には存在していないのです。以下では、これについて解明していきましょう。

②デフォルトする国は高金利になる

さて、わが国では「国の借金」「財政危機」論は根強くみられますし、一部では「日本はGDPと比べて国の借金が多過ぎるじゃないか」、といった主張もなされています。実際、財務省などの資料によれば、「2018年のG7諸国の公的債務残高GDP比率」は、米国が108%、英国が86%、ドイツが60%、イタリアが130%などであるのに対し、日本は236%で突出しています。

さらには、国債のデフォルト事例を調べていくと、「公的債務残高GDP比率」が現在の日本よりもはるかに低いのにデフォルトしているというケースもあるため、ますます「日本の財政状態は本当に危機的な状態じゃないのか?」と心配する人が出るのは当然のことでしょう。実際、外国のヘッジファンドなどは、「日本の公的債務残高GDP比率は先進国で最悪なので、近いうちに必ずデフォルトするに違いない」などと無邪気に信じ、定期的に国債先物のショート(売り)ポジションを作ってくるほどです。

それでは、「日本の財政は危機的だ」と考えている方に、端的にお伺いします。

日本国債の金利は、いったい何%ですか?

借金の金利は担保の有無、期間、借りている人の信用力によって変わって来ますし、潜

これが「デフォルトする国」の国債利回りなのか？

■図表②　日本国債の市場利回り

（コンスタントマチュリティベース、2020年3月31日時点）

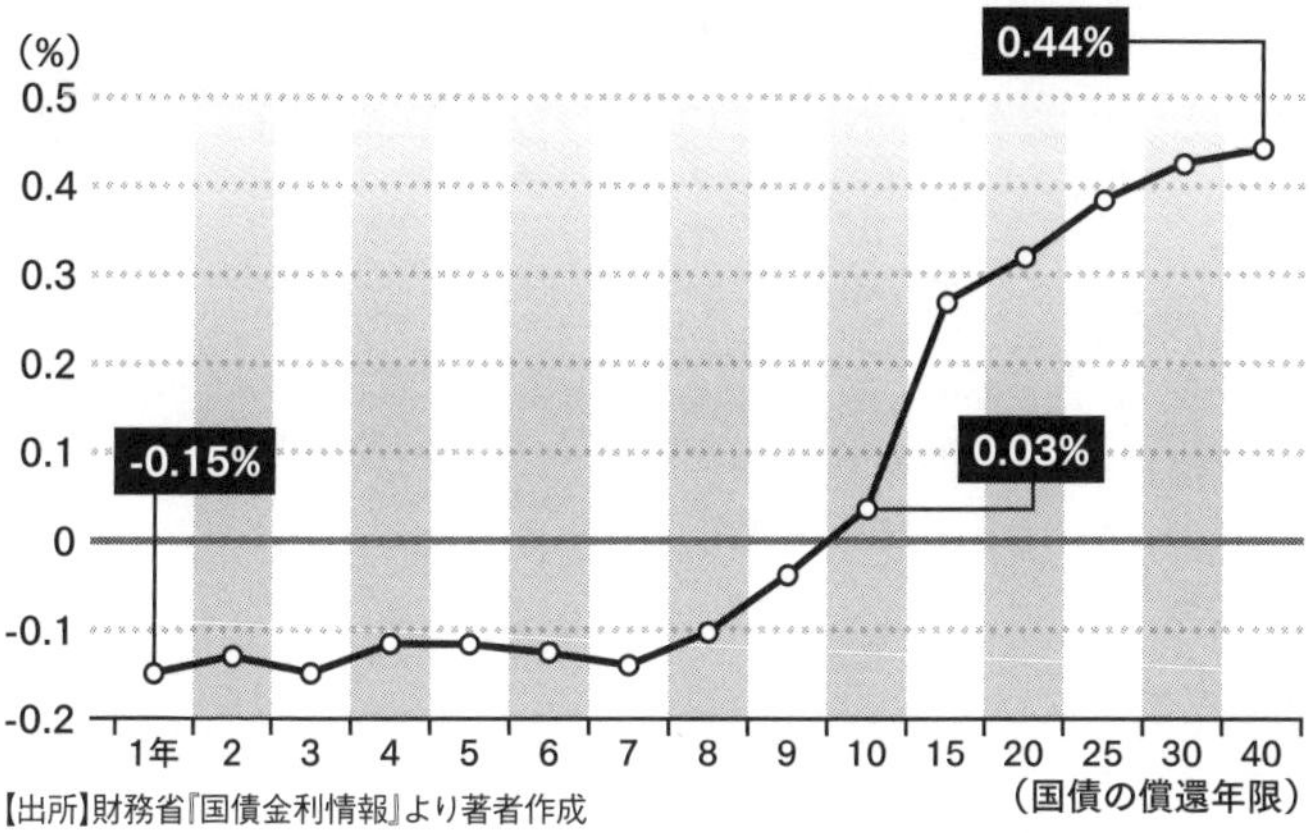

【出所】財務省『国債金利情報』より著者作成

在成長力やインフレ率などによっても変わってくるのですが、「国債がデフォルトする」と市場参加者が考えているのならば、国債利回りは暴騰していなければおかしいはずです。市場参加者が「日本はあと5年後に、確実にデフォルトする」と見ているのだとしたら、たとえば5年国債の金利は少なくとも20%くらいでないとおかしいはずです。

しかし、現実には日本国債の市場利回りが非常に低く、2020年3月末時点で40年債でも0・44%、10年以下のゾーンに至っては軒並みゼロからマイナスです。いわば、国におカネを貸したら、利息が返ってくるどころか、むしろ利息を取られてしまう（!）ほどなのです。

③ 国債がデフォルトする3つの条件

「国債デフォルト」の典型的な事例が、何度も何度も国債のデフォルトを発生させている、南米の大国・アルゼンチンです。同国は2020年5月にデフォルトを発生させました。というのも、外貨建ての国債を巡り、5億ドル相当の利払いができなくなったからです。メディア報道によると、同国が「国債のデフォルト状態」を発生させるのは史上9回目というから驚きです。ちなみに今世紀に限定しても、2001年の外債デフォルト、2014年のテクニカルデフォルトに続き3回目です。

また、外貨建ての国債をデフォルトさせている国は、アルゼンチンだけではありません。2020年にはほかにも、3月に中東のレバノンが発行した12億ドル相当の外貨建て国債についても、償還資金の手当てがつかずにデフォルトしています。

こうした諸外国のデフォルト事例を受け、わが国では一部の論者から、「日本も1000兆円を超える『国の借金』がある」、「明日はわが身だ」、といった論調が出て来ているようですが、はたしてこれは議論として正しいのでしょうか。

結論からいえば、この議論は間違っています。というのも、国債がデフォルト状態に陥るためには、図表③に示した「3つの条件」を同時に満たすことが必要だからです。次節

どう頑張ってもデフォルトしない日本国債

■図表③　国債デフォルトの3要件

デフォルト要件	考えられる事例	具体的な事例
①国内投資家が買ってくれない	資金循環構造上、家計金融資産が不足している、民間企業の資金需要が旺盛であるなどの理由により、国内資金が国債引き受けに回らない	一部の新興市場諸国では、国内が急速な経済成長を遂げていて、成長するための資金が企業セクターなどに配分されていることがある
②海外投資家が買ってくれない	その国の通貨が国際的に広く通用する「ハード・カレンシー」ではなく、国際通用度が低い「ソフト・カレンシー」であるような場合	新興市場諸国の通貨はたいていの場合「ソフト・カレンシー」であるため、外国人投資家がその国の通貨で発行された国債を買ってくれないことが多い
	米ドルなどの外貨建てで発行されている国債の場合、自国内に外貨（米ドルなど）を保有している投資家が存在しなければ、海外投資家などに国債を買ってもらうしかない	米ドル建てで発行された国債の場合、国際的な金融市場では受け入れられやすいものの、いったん信用不安のうわさなどが広がると、借り換えができなくなることも多い
③自国中央銀行が買ってくれない	アルゼンチンのように外貨建てで国債を発行している場合や、ユーロ圏のように共通通貨建てで発行されている国債の場合、自国通貨であっても自国中央銀行が自国債を買い支えることはできない	ギリシャなどの南欧諸国はユーロ圏に所属しているため、ギリシャの中央銀行はユーロを発行する権限を持っておらず、自国通貨建ての国債であるにもかかわらず、中央銀行が自国国債を買い支えることができない

【出所】著者作成

でも検討するとおり、現実に発生している国債のデフォルト事例は、戦時下でもない限りは、必ずこの3つの条件を満たしています。

逆にいえば、日本国債がデフォルトするかどうかについては、この3つの条件に照らして判断すれば良いのです。まず、日本国債の場合、①の「国内投資家が日本国債を買ってくれない」という条件を満たしていません。というのも、家計金融資産があまりにも多過ぎ、預金取扱機関や保険・年金基金といった機関投資家に巨額の資金が流れ込んでいるからであり、また、後述するとおり、これらの投資家は否が応でも投資対象としての国債を買わざるを得ない状況に陥っているからです。

もちろん、そもそも論として日本国内に資金が有り余っている状態にあるため、「国内投資家が資金不足で国債を引き受けてくれない」という事象は、まず考えられないのですが、万が一この①の条件を満たしてしまった場合でも、「次のバックストップ」がありま す。それが「海外投資家による国債引受」です。この点、一部の新興市場諸国のように、その国の通貨が国際的な金融市場でほとんど取引されていない「ソフト・カレンシー」である、というようなケースだと、外国人投資家の資金をアテにすることはできません。しかし、第2章でも説明するとおり、日本円という通貨自体、国際的に広く通用する「ハード・カレンシー」です。一般に「ハード・カレンシー」国が自国通貨建てで発行する自国国債には海外投資家の買いが入るため、自国投資家が国債を買ってくれない状態に陥ったとしても、国債のデフォルトを気にする必要がありません（その典型例が、世界の基軸通貨である米ドル建てで発行された米国債でしょう）。

さらには、この①、②双方の条件が満たされてしまったとしても、日本国債の場合にはもうひとつのバックストップがあります。現状、日本国債が日本円という自国通貨建てで発行されているため、日本の中央銀行である日本銀行に、日本国債を引き受けてもらうことができるのです（もちろん、中央銀行による新発国債引受は財政法で原則として禁止されていますが……）。

つまり、日本国債がデフォルトするためには、まずは①国内投資家が資金的余力を失うこと、②日本円がハード・カレンシーではなくなってしまうこと、③日本円が外貨建てか共通通貨建てで発行されること、という3つの条件を同時に満たさなければなりませんが、現状ではその可能性は非常に低いと言わざるを得ないでしょう。

④アルゼンチンとギリシャはなぜデフォルトしたのか

日本国債がデフォルトするかどうかを論じると、必ず出てくる主張のひとつが、「ロシア、ギリシャ、アルゼンチンなどのように、国債を発行し過ぎてデフォルトを発生させた事例があるじゃないか」、といったものです。

しかし、これについては冷静に考える必要があります。前節で見たとおり、国債がデフォルトするためには、「①国内投資家も買ってくれない、②海外投資家も買ってくれない、③中央銀行も買ってくれない」、という3つの条件が満たされることが必要です。

そして、実際の国債のデフォルト事例をまとめたものが図表④ですが、終戦直後などの特殊な事例（たとえば1945年、敗戦直後のドイツや日本が国債の事実上のデフォルトに陥ったというケース）を除けば、いずれも①～③の3つの条件を満たしており、とりわけ多いのが3番目の条件（自国の中央銀行が国債を買ってくれない状態）を満たしてしまったケース、つまり、「自国通貨建てではなく、外貨建てか共通通貨建てで国債が発行されている」、という点です。これこそが、「国債をデフォルトさせている国に共通している特徴」であるといえるでしょう。

とくに、外貨建てで発行された国債については、最初から国内の投資家よりも海外の投

戦時を除けば「非自国通貨建て」ばかり！

■図表④　国債のデフォルトの事例

年代	デフォルト国	備考
1945年	ドイツ、日本	日本の場合は戦時中に急膨張した債務の支払が不可能な状況となり、1946年の預金封鎖による新円切り替えにより、円建ての旧国内債務は事実上デフォルトした。ただし、日本の対外債務についてはデフォルトしておらず、このことは現在に至る日本国債に対する高い信認の維持に寄与している
1998	ロシア	アジア通貨危機による金融市場の混乱と世界経済の減速を遠因として、外貨建ての対外債務がデフォルトし、通貨・ルーブルも暴落した
2001	アルゼンチン	国内政治の不安定さやドルペッグの崩壊などを反映し、アルゼンチン政府は2001年12月に対外債務の利払を放棄してデフォルトした
2012	ギリシャ	共通通貨・ユーロ建てで発行されたギリシャ国債は、ギリシャが国際社会から第2次救済を受ける条件としてギリシャ政府と民間債権者の債務交換により、額面の53.5％が削減されるデフォルト状態となった。なお、ギリシャは19世紀以来、5回のデフォルトを繰り返している
2014	アルゼンチン	2001年のデフォルト時の債務再編に応じなかった債権者らが米国の裁判所に対して返済を訴えていた件で、アルゼンチン政府の敗訴が確定。リストラクチャリング債についてもデフォルトとなった。なお、アルゼンチンは第2次世界大戦後、もっとも多くデフォルトした国でもある

【出所】著者作成

資家に引き受けてもらうことを期待しているはずです。アルゼンチンの場合、アルゼンチン国内に米ドルの資金余剰が生じているとは考えづらく、どうしても海外投資家に適正な金利を払って引き受けてもらわなければなりません。また、当たり前の話ですが、その国の中央銀行はその外貨（とくに米ドル）を印刷する権限を持っていませんので、イザというときに中央銀行に国債を引き受けさせる、という「禁じ手」を使うこともできないのです。つまり、外貨建ての国債は、たいていの場合、最初から「国債デフォルトの3要件」のうちの①と③が満たされてしまっている状況にあるのです。ということは、②、つまり「海外投資家が買ってくれない」という条件を満たした瞬間、その国債はデフォルトしてしまう、というわけです。

また、同じことは共通通貨建てで発行されている国債にも該当することがあります。その典型例が、ギリシャ国債でしょう。ギリシャの場合は、たしかにユーロは「自国通貨」ですが、それと同時に自国の中央銀行がユーロという通貨そのものを発行する権限を持っていません。それを持っているのは欧州中央銀行（ECB）です。そして、「ユーロ圏に加入する国の国債は自国の中央銀行ですら引き受けることができない」という特徴は、ギリシャだけでなく、ほかのユーロ圏各国（たとえばドイツ）であっても当てはまります。

これこそが、「公的債務残高GDP比率が現状の日本よりも低いにもかかわらず、デフォルトしている国がある」という真の理由です。国債がデフォルトするかどうかは「国債デフォルトの3要件」を満たしているかどうかで決まりますし、自国通貨建ての国債だとたいていの場合は③の要件を満たさないため、国債がデフォルトすることはありません。要するに、国債がデフォルトするかどうかは「公的債務残高GDP比率」とは無関係なのです。

そして、とくに日本国債の場合、自国通貨建てで発行されているうえ、国内が資金余剰であるため、3要件の①と③を満たしていませんし、日本円が「ハード・カレンシー」であるため、②の要件をも満たさないのです。

そもそも外国通貨建て、あるいは共通通貨建てで発行されている国債というものは、デフォルトするかどうかは公的債務残高のGDPに対する比率とは無関係です。実際、現在の日本よりも公的債務残高GDP比率が低いにもかかわらず、デフォルトしてしまった事例があるからです。余談ですが、その意味で、ドイツ国債の方が日本国債よりも高い格付を得ているという状況は、どう考えても正当化できないのです。

⑤ 家計が保有する現金・預金は1000兆円!

日本の財政状態などを巡って、マスメディアはしばしば、「日本の『国の借金』は1000兆円を超えている」などとセンセーショナルに報じるのですが、著者としては長年、個人的に非常に疑問に感じていることがあります。それは、「国の借金」を問題視するわりに、なぜ「巨額の家計金融資産」という議論を無視するのか、という点です。というのも、2019年12月末時点において、わが国の家計部門が保有する金融資産の残高は総額1900兆円を超えているからです。

しかも、日本の家計部門には大きな特徴があります。というのも、巨額の家計金融資産のうち「安全資産」の範疇《はんちゅう》に入る現金・預金の残高が1000兆円を超えており、保険・年金・定型保証についても500兆円を超えています。つまり、現金・預金と保険・年金・定型保証の両者を合算すれば、1900兆円を超える家計金融資産残高のうち、じつに8割が機関投資家（つまり、預金取扱機関や保険会社、年金基金など）に流れ込んでいる計算です。後述のとおり、これらの機関投資家はむしろ運用対象となる金融資産に飢えている状況にあり、極端な話、むしろ最低372兆円くらいであれば、国債を増発してもまったく問題なく消化できるという状況にあるのです。

家計金融資産の8割は「安全資産」に！

■図表⑤　家計の金融資産の内訳

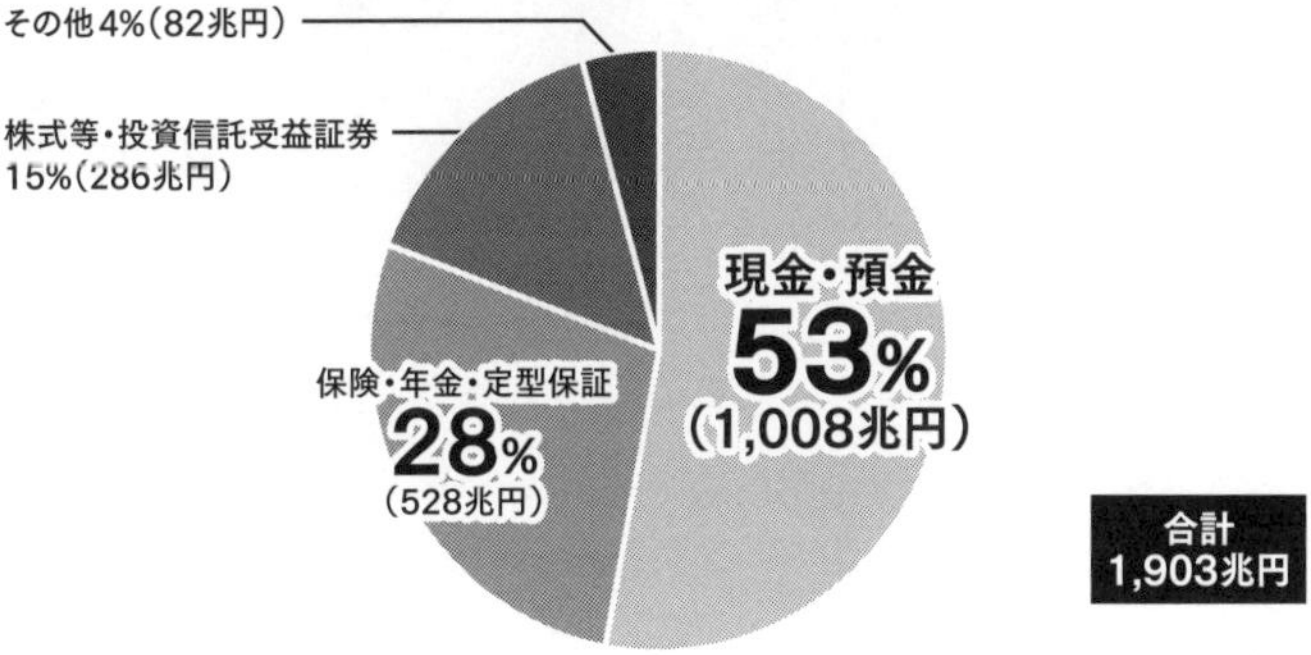

【出所】日銀『データの一括ダウンロード』のページより『資金循環統計』データを入手して加工

ただ、ここでひとつの疑問が浮かびます。なぜ家計はここまで安全資産をしこたま溜め込んでいるのでしょうか。

あくまでも私見ですが、消費税の増税などがなされるたびに、家計は生活防衛として消費や投資を減らし、せっせ、せっせと貯金を増やして来たからではないでしょうか。そして、そのことが「日本国内ではモノが売れない」、「モノの値段が下がる」、「不況になる」、というプロセスを促進していたのだとしたら皮肉なことです。

とても当たり前の話ですが、金融商品の世界では「誰かにとっての金融資産は、ほかの誰かにとっての金融負債」です。家計が生活防衛のあまり、現金預金などを「金融資産」として蓄えこめば、それは機関投資家の側から見れば「金融負債」が積み上がっているということであり、その分、機関投資家が資産運用しなければならない金額が増える、ということでもあります。そして、機関投資家が資産運用しなければならない金額が増えるということは、日本国内で「おカネを借りてくれる人」が必要になってくる、という意味でもあるのです。

民間企業がおカネを借りてくれないのであれば、政府がおカネを借りてくれるか、家計がおカネを借りてくれるか、それとも海外におカネを貸すか、そのいずれかしか方法はありません。だからこそ、日本がデフレから脱却するためには、むしろ国債の大幅な発行が手っ取り早いといえます。

これに加えて、マスメディアは「国の借金が1000兆円を超えている」などとさかんに騒ぎ立てるわりに、「家計が保有する現金・預金の額が1000兆円を超えている」という事実にほとんど言及しないのは大いなる謎といわざるを得ません。「国の借金」とやらの額を問題視するならば、有効活用されずに眠っている現金・預金の額がほぼ同額存在するという事実を無視するのは、あまり公正な議論の態度とは言えないのではないでしょうか。

⑥ 増え続ける家計の金融資産

家計金融資産の状況について、もう少し詳しく見ていきましょう。図表⑥によれば、家計金融資産残高は、日銀の公表データが存在する1997年12月以降だけで見ても、ほぼ一貫して右肩上がりで伸び続けていることがわかります。

もちろん、細かいことをいえば、季節変動や株価変動などの影響もあるため、前四半期比で見ると減少する場合もありますし、また、「保険・年金資産」の計上方法が変わったタイミングでデータが断絶しているときもあるのですが、「大きな傾向で見て」右肩上がりで伸び続けているという点に関しては、間違いありません。

ちなみに新聞などを読んでいると、ごく稀《まれ》に、「株価が下落すれば家計資産も大きく減少する」、などと書いているケースもあるようですが、日本の家計に関していえば、これは正しくありません。というのも、株式、投信といった「リスク資産」の割合は、一貫して家計金融資産全体の15％前後に過ぎないからです。株価が上昇すれば家計金融資産の金額も増えますが、家計金融資産の残高が増えている要因は、「アベノミクス」による株価上昇というよりも、どちらかといえば日本国民が一貫して現金・預金の保有残高を増やし続けていることにあります。

家計金融資産残高は右肩上がりに

■図表⑥　日本の家計金融資産の主な残高別推移

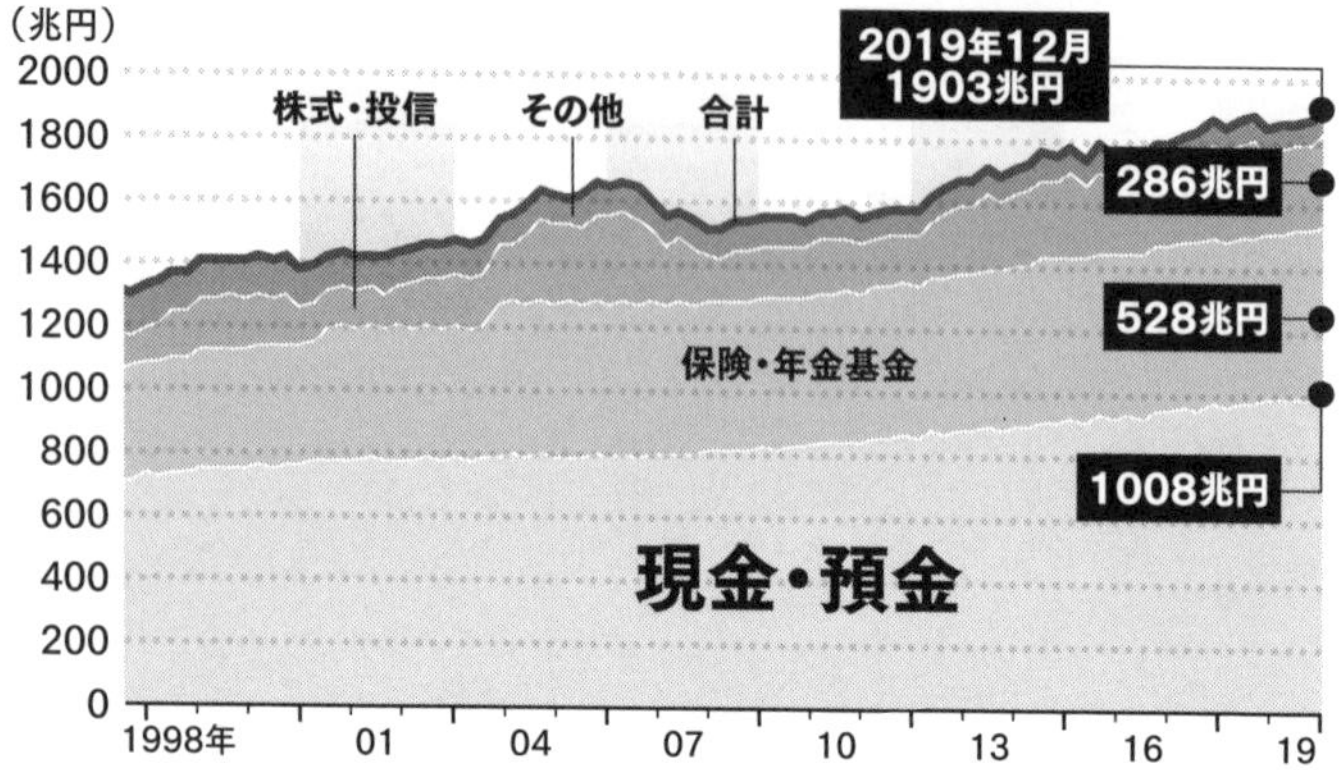

【出所】日銀『データの一括ダウンロード』のページより『資金循環統計』データを入手して加工

また、家計金融資産の内訳で見ると、一貫して現金・預金の比率が全体の半数を占めている、という特徴があります。この点、「財政再建しなければならない」と主張する人は、しばしば、「日本の人口は将来減少に転じ、少子高齢化社会を迎えることで、預貯金の取り崩しが発生する」、「貯蓄率は低下している」、などと主張するのですが、実際には2005年から減少に転じているにもかかわらず、資金循環統計で見る限り、家計金融資産の増加ペースが鈍っていない（とくに家計が保有する現金預金残高が一貫して増え続けている）という点は紛れもない事実です。いずれにせよ、このペースで増え続ければ、ごく近い将来、家計金融資産総額が2000兆円を超えることは間違いありません。

余談ですが、資金循環統計がカバーしている家計金融資産の範囲は「金融商品」だけであり、家計が保有している土地、建物などの不動産、自動車や家財道具といった動産、宝石、書画骨董の類いは含まれていません。もしもこれらの動産・不動産を含めるならば、日本の家計が保有している資産の額は、２０００兆円どころではなく、下手をすれば数千兆円というレベルに達するでしょう。

裏を返せば、日本の家計の資産形成パターンが変わらない限り、家計が保有する金融資産の残高のうち半額以上が現金・預金、４分の１が保険・年金・定型保証、という構造は変わらないでしょうし、必然的に、銀行、保険、年金といった機関投資家に対する巨額の資金流入という構造についても変化しません。これに加え、後述するとおり、日銀が金融緩和として市中の国債などをドカッと買い込んでしまっている状況も見逃せません。これらの事情がダブルパンチとなり、金融機関など機関投資家は運用対象である国債を買うこともできず、「運用難」のなかで経営が苦しく、海外の金融資産に投資せざるを得ないという状況は、当面続くのではないでしょうか。

⑦ カギを握る金融機関

「日本国債がデフォルトするかどうか」、という論点を考えるカギとなるのが、「預金取扱機関の投資行動」ですが、ここで、「預金取扱機関」をきちんと定義しておきましょう。日本銀行『資金循環統計の解説』によると、預金取扱機関とは「預金取扱機関は、一般の投資家から預金や預金類似商品を受け入れることを通じて、金融仲介活動を行う金融機関である」と定義されていて、これを分類すると図表⑦のとおりです。

なお、これら以外にも、古いデータだと「郵便貯金」が別掲されていましたが、これは「ゆうちょ銀行」の発足に伴い、2007年第4四半期以降は「中小企業等金融機関」に合算されています（※なお、歴史的な経緯もあり、「預金取扱機関」の範疇には「合同運用信託」という部門も存在しているのですが、金額的にも少ないため、事実上、無視しても影響はありません）。

さて、これらの預金取扱機関の投資行動にはいくつかの特徴があるのですが、そのなかでも預金取扱機関が最も大きな影響を受けるのは、後述する「自己資本比率規制」ないし「バーゼル規制」と呼ばれる金融規制です。これは、一定の計算式で計算される自己資本比率を4％ないし8％以上に維持しなければならないとするルールであり、これに違反す

預金取扱機関の分類

■図表⑦　預金取扱機関の主な種類

債券種別	金融機関
国内銀行	都市銀行
	地方銀行
	第二地銀
	信託銀行
	ネット銀行　等
在日外銀	
農林水産金融機関	農林中央金庫
	信用農業協同組合連合会
	└農業協同組合
	信用漁業協同組合連合会
	└漁業協同組合　等
中小企業金融機関等	信金中央金庫
	└信用金庫
	全国信用協同組合連合会
	└信用組合
	労働金庫連合会
	└労働金庫
	ゆうちょ銀行　等

ると業務停止処分などの重い処分が下されてしまいます。この自己資本比率規制上、預金取扱機関が日本国債を買った際には、リスクアセットの優遇措置が受けられるため、預金取扱機関は好んで国債を買う、という側面があるのですが、これについては後ほど、具体的な数値の設例を用いて確認していくことにしたいと思います。

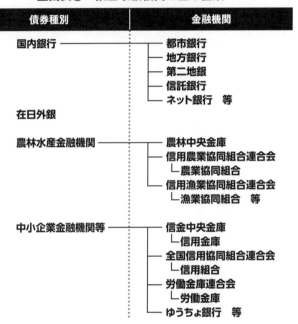

⑧ 3メガ＋りそなだけで預金量が389兆円

金融商品の世界では、「誰かにとっての金融資産は、他の誰かにとっては金融負債」です。現状、家計金融資産については2000兆円に達しようとしている状況にありますが、その半額以上が現金・預金で占められており、必然的にこれらの資金の多くは預金取扱機関に流入しています。そして、預金取扱機関の投資行動について議論するもうひとつの前提が、「どの業態にどれだけの預金が預けられているか」というデータですが、これについて一覧にしたものが、図表⑧です（※ただし、集計するためには各業態が開示する数値データが出そろうのを待つ必要があるため、本書執筆時点で作成可能なデータは2019年3月末時点のものです）。

これによれば、最も資金量が多い業態が都市銀行（3メガバンクとりそなグループ）ですが、この都市銀行だけで預金量が389兆円というのもすごい話です。また、ゆうちょ銀行も単体で181兆円の資金量を誇っているなど、日本には巨額の預金量を誇る大規模な金融機関がいくつも存在しているというのは印象的です。また、地方銀行（277兆円）や信用金庫（144兆円）なども、メガバンクより少ないとはいえ、預金量は巨額です。

ただし、この図表を読むうえで注意点がひとつあります。それは、「系統預金」、すなわ

日本全体の預金量

■図表⑧　2019年3月末時点の預金取扱機関の預金量

金融機関の区分		金額(円)	摘要
国内銀行	都市銀行　合計	389兆	I
	地方銀行　合計	277兆	II
	第二地銀　合計	68兆	III
	上記以外の銀行	89兆	IV
	統計の不突合	-1兆	V
国内銀行　合計		821兆	①＝I～Vの合計
在日外銀		12兆	②
中小企業金融機関等	信用金庫　合計	144兆	A
	信用組合　合計	21兆	B
	労働金庫　合計	20兆	C
	信金中央金庫	31兆	D
	全信組連	7兆	E
	労働金庫連合会	8兆	F
	商工組合中央金庫	5兆	G
	ゆうちょ銀行	181兆	H
	統計上の不突合	0兆	I
中小企業金融機関等　合計		416兆	③＝A～Iの合計
農林水産金融機関	農林中央金庫	67兆	イ
	信用農業協同組合連合会　合計	67兆	ロ
	農業協同組合　合計	103兆	ハ
	信用漁業協同組合連合会　合計	2兆	ニ
	漁業協同組合　合計	1兆	ホ
	統計上の不突合	0兆	ヘ
農林水産金融機関　合計		240兆	④イ～ヘの合計
日本全体の預金量		1490兆	①～④の合計

【出所】著者調べ
※「預金」には譲渡性預金を含む

ち各信用金庫から信金中央金庫への預金、農協から信連・農林中央金庫への預金、信用組合から全信組連への預金などの預け金があるため、預金量が両建てで膨らんでいる点です。たとえば、ある信用金庫Aがある顧客Bから預かった1000億円を信金中央金庫に対してそのまま預金したとしたら、顧客Bが預け入れた1000億円は、A信用金庫の負債勘定に「顧客Bからの預金」として計上されるとともに、信金中央金庫の負債勘定に「A信用金庫からの預金」として計上される、ということです。これは資金循環統計を作成するうえでどうしても生じる技術的な二重計上であり、著者の試算によれば、日本全体で150～200兆円が「両建て」となっている可能性があると見ています。ただ、預金量についての二重計上が発生していたとしても、「預金取扱機関が全体として運用対象資産に事欠いている」という結論についてはまったく同じですので、このまま議論を進めたいと思います。

19年3月末時点で日本全体の預金量は1500兆円弱でしたが、日本全体の預金量は毎年のように増えています。しかし、後述するとおり、預金取扱機関にとって運用対象となるはずの国債、社債などの債券、貸出金などの金銭債権についてはあまり伸びておらず、必然的に「カネ余り」がもたらす日本経済全体のひずみが預金取扱機関に溜まりやすいという構造があることは、日本国債の動向を読むうえで、ひとつの重要なポイントです。

⑨ 金融機関が国債を買いたがる理由

さて、日本の預金取扱機関が1500兆円近い巨額の預金を預かっているということは、わかりました。当たり前の話ですが、銀行などの金融機関は、お客さんからおカネを預かったら、それを金庫にしまいこんでおくわけにはいきません。なぜなら、預金を預かれば、お客さんに払う預金金利、預金保険機構に払う預金保険料、通帳の発行経費、ATMを動かす経費などが必要だからです。さらには金融機関も民間企業ですから、人件費や店舗の減価償却費などを賄い、さらには利益も捻出《ねんしゅつ》しなければならないので、必然的に預かった資金をコスト以上の利回りで運用しなければなりません。この「コスト以上の利回り」を捻出するために、多くの金融機関は「目標運用利回り」を設定します。

目標運用利回りは、その金融機関の規模や業態、所在国・地域によっても大きく異なります。インフレ率が高い国や貸し倒れが多く発生する国・地域だと、目標利回りは数％でも足りないかもしれませんし、日本のように預金金利自体が非常に低い国だと、目標利回りは1％でも十分だ、というケースもあるかもしれません。さらには、同じ国、同じ時代であっても、一般的には金融機関の規模が大きくなればなるほど目標利回りは低くても良いとされています（逆にいえば、規模が小さい金融機関であるほど運用利回りを高める必要があります)。「金融機関は装置産業である」などといわれるゆえんですね。

この点、金融機関は非常に低い預金金利でたくさんのカネを集め、それらの豊富な資金を使い、期待されるリターンがとても高い金融商品(たとえば株式など)をたくさん買えば、理屈のうえでは大儲けできるはずですが、実際にはそうなりません。というのも、金融機関には「バーゼル規制」、ないし「銀行自己資本規制」と呼ばれる健全性規制が適用されるからです。この「バーゼル規制」とは、金融機関に対し過度なリスクテイクを抑制するための国際的な共通ルールのことであり、その最大のものが、「自己資本の額に対して取れるリスクの額を制限する」という、いわゆる「自己資本比率規制」です。

現在の「バーゼルⅢ」規制における自己資本比率の計算式は非常に複雑ですが、ごく大雑把にいえば、自己資本比率は、「自己資本比率=自己資本÷リスクアセット」(①)式で求められます。そして、金融機関の規模、業態によって、この計算式は異なりますし、また、維持すべき自己資本比率も異なります(大雑把にいえば、銀行業務を国内でしか営んでいない金融機関の場合は自己資本比率は4%以上であれば大丈夫ですが、海外に銀行支店を持っている金融機関であれば8%以上必要です)。

(※なお、金融規制マニアの方ならば、G-SIBsに対するTLAC規制やCCyBなどの議論も知りたいと思うかもしれませんが、本書ではバーゼルⅢの詳細については割愛します)。

ここで、①式を見てください。

【①式：自己資本比率＝自己資本÷リスクアセット】

自己資本比率を高めようと思えば、（A）自己資本の額を増やす（つまり増資などをする）か、（B）リスクアセットを落とす（つまり貸し剥《は》がしをしたり、CDSを買ったりする）か、そのいずれかの方法しかありません。つまり、自己資本が400億円しかない金融機関だと、自己資本比率を4％に維持するためには、リスクアセットは最大でも1兆円しか積み上げられないのです。ここで、先ほどの①式でいうリスクアセットとは、資産の額に「リスクウェイト」を掛けて求めます。そして、この「リスクウェイト」はあらかじめ決められています（図表⑨、ただし標準的手法の場合）。これで見ると、たとえば国債や地方債はリスクウェイトがゼロ％ですから、仮にこれらを1兆円保有していたとしても、リスクアセットはゼロです。これに対し、株式の場合はリスクウェイトが100％ですから、仮にこれらを1兆円保有していれば、リスクアセットは1兆円です（＝1兆円×100％）。また、個人向けのローンだと、政策的な理由もあってリスクウェイトが75％と少しだけ優遇されており、個人に対して1兆円を貸し付けていれば、リスクアセットは7500億円で

同じ1兆円でも…

■図表⑨−1　それぞれの資産を1兆円保有していた場合のリスクウェイトの例

資産の種別	リスクウェイト(%)	リスクアセット(円)
1兆円の国債	0	0
1兆円の地方債	0	0
1兆円の日銀当預	0	0
1兆円の貸出金	50.00	5000億
1兆円の個人向けローン	75.00	7500億

【出所】著者作成
※ただし、「標準的手法」を採用した場合の設例

なぜ銀行は国債を山ほど買っても大丈夫なのか

■図表⑨−2　標準的手法のリスクウェイト

貸している相手先	リスクウェイト(%)	備考
国・地方公共団体	0	政府保証債も0%
日本銀行	0	—
銀行・証券会社	20	ただし、これは本店が本邦所在の場合
事業法人	20〜150	外部格付などによって異なる
株式	100	銀行株等を除く
中小企業・個人	75	—
一定の住宅ローン	35	—

【出所】Bank for International Settlements “Basel II: International Convergence of Capital Measurement and Capital Standards: A Revised Framework – Comprehensive Version” や金融庁『銀行自己資本比率告示』等より著者作成

す（＝1兆円×75％）。

この点、銀行等の金融機関は自己資本比率を一定水準に維持しなければならず、①式より、リスクアセットをできるだけ低くしなければなりません。このため、銀行等の金融機関は、とにかく自己資本を積み増さなければ、利回りの高いリスクアセットを積み上げることができないのです。これこそが、金融機関が国債ばかり買っている大きな理由のひとつではないでしょうか（※なお、日本の預金取扱期間が運用対象商品として国債を好む理由はほかにもいくつかあるのですが、それについては本書では割愛します）。

そして、日本全体の資金が預金取扱機関に偏在しているにもかかわらず、預金取扱機関が厳しい自己資本比率規制の適用を受けているということは、日本全体でリスクのある投資にマネーが行きわたらない大きな理由でもあるのです。

⑩ 国内に投資対象がないのが問題

現在の日本において、「国債のデフォルトの3要件」、つまり①国内投資家、②海外投資家、③中央銀行、のいずれも国債を買ってくれないという状況が、現実味を帯びることはあるのでしょうか。順を追って考えていきましょう。

まず、①について考える手がかりは、「誰が国債を保有しているのか」について示した図表⑩ですが、これによると現在、国債の9割近くが日本国内の投資主体（とくに日銀、預金取扱機関、保険・年金基金）によって保有されていることがわかります。しかも、これらの投資主体の裏側には、総額2000兆円にも達しようとする家計金融資産残高という厚みがどっしりと存在しており、これらの資金が有効活用されていないのは、海外部門の金融資産・負債差額がプラス372兆円に達していることからも明らかでしょう（とても乱暴な言い方をすれば、少なくとも国債を372兆円増発しても、外国に対する純資産はマイナスにならない、という意味でもあります）。

次に②について考えてみましょう。一般にはあまり知られていませんが、わが国の通貨・円は「有事の円買い」と呼ばれるほど危機に強く、第2章でも説明するとおり、世界中の投資家から好んで買われる通貨でもあります。当然、日本国債は円建てで発行された

■図表⑩　国債の保有主体別内訳

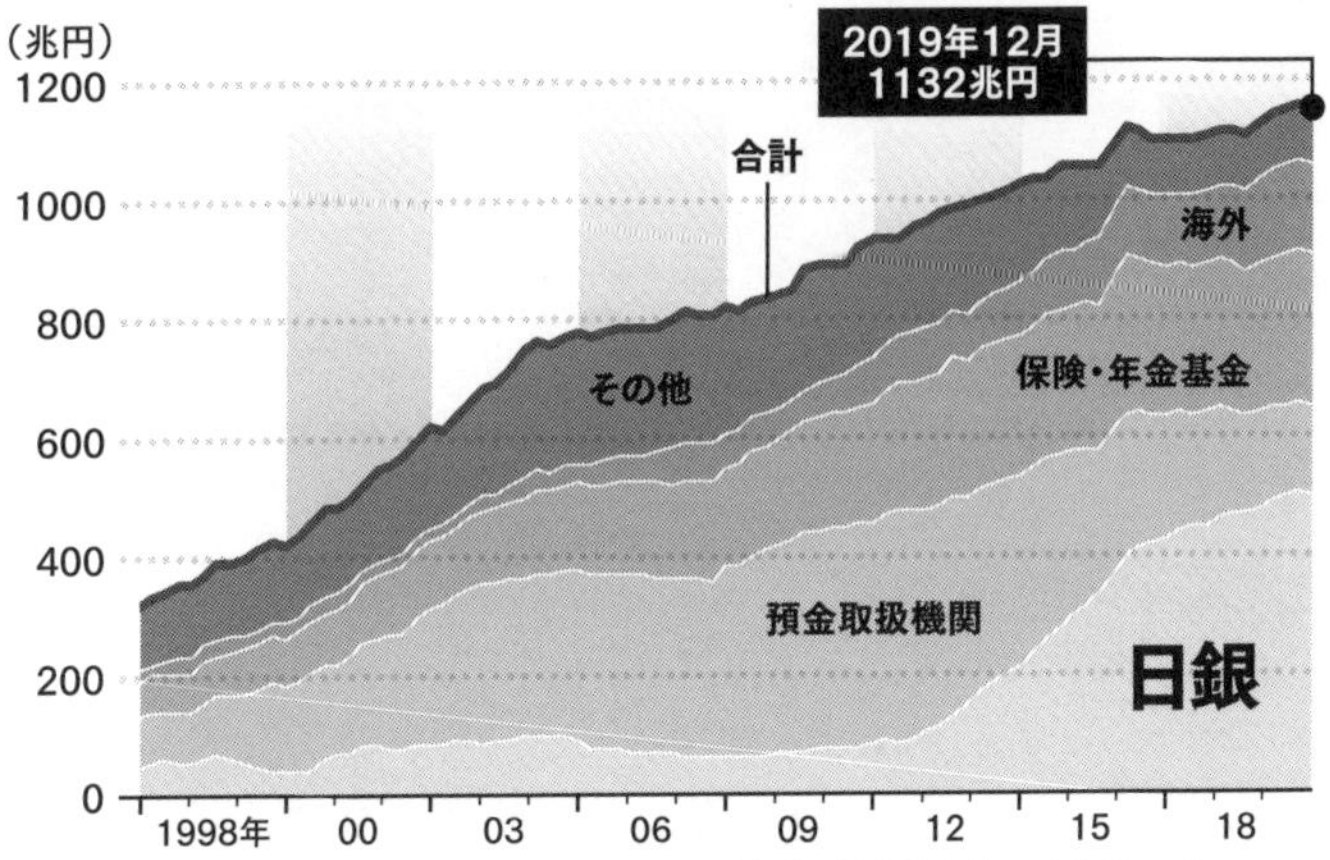

【出所】日銀『データの一括ダウンロード』のページより『資金循環統計』データを入手して加工

金融商品のなかで最も安全な資産ですし、もし日本国債の市場利回りが上昇すれば、外国人投資家から見てさらに魅力的な金融資産となるでしょう。

さらには、万が一、①国内投資家も②海外投資家も日本国債を買ってくれないという状況が生じたとしても、現状、日本国債はその全額が円建てで発行されているため、最悪の場合は国債の日銀直接引受を規定した財政法第5条を改正し、日銀に国債を直接引受させれば、「デフォルト」自体を発生させることは避けられます。これは、国債を自国通貨建てで発行している国の特権です。

もっとも、経済理論上、「中央銀行の国債直接引受」は貨幣価値の暴落というリスクをはらんでいます。このため、この③の選択肢は、あくまでも「最後の手段」であるという点については注意が必要です（もっとも、現時点において日本国内の機関投資家が保有する資金が有り余っているという状況を踏まえるならば、現時点でわざわざ「最後の手段」について議論する必要すらないのかもしれませんが……）。

さて、くどいようですが、一国の国債発行残高が多いか少ないかについては、「公的債務残高ＧＤＰ比率」などを見ても意味がありません。現実にはその国全体の資金の流れ、経済成長率やインフレ率、家計や企業の債務残高、その国債が自国通貨建てで発行されているか、外貨建てで発行されているかどうか、自国通貨建て国債の場合はその国の通貨が国際的に信頼されているかどうか、といった諸条件に照らし、総合的に判断しなければなりません。実際、公的債務残高ＧＤＰ比率が低くても、外貨建て・共通通貨建てで発行されている国債についてはデフォルトしてしまうことはありますし、現在の日本のように、公的債務残高ＧＤＰ比率が高くても、国債のデフォルトからはほど遠い、という国も存在するからです。

現在のわが国の場合、長引くデフレに苦しんでいますが、それと同時に日本円という通貨は国際的に広く通用するハード・カレンシーでもあり、日本政府は国内投資家からも海外投資家からも「自国通貨建てで」おカネを借りることができる、という、非常に恵まれたポジションにあります（ついでにいえば、本当に困ったときには、「最後の手段」として日本円を発行している中央銀行、すなわち日銀から借りることもできます）。このような場合であれば、財政赤字を恐れず、果敢に国債を増発して有効需要を喚起するのが正解です。もっとも、景気が過熱し過ぎているときの国債増発はインフレを誘発するリスクがあるため、このような場合は消費税の増税などを通じて景気を冷やすとともに、財政再建を通じて国債を圧縮する方向に舵を切るべきでしょう（現在の日本がこのような状況からはほど遠い状態にあることは明らかですが……）。

この点、財政再建論者の主張は、少しでも赤字国債が増えようものなら、すぐさま「日本が巨額の債券を発行してハイパー・インフレになってしまったら困る」、「債券が売られたらすぐさま金利が上昇するに違いない」というものですが、こうした主張は、現実を見ていない暴論といわざるを得ません。極端なたとえでいえば、まるで凍傷にかかった人の患部を「体を温め過ぎて体温が上がり過ぎたら困る」と言いながら、一生懸命に氷で冷やしているようなものだといえばわかりやすいのではないでしょうか。

⑪「増税で財政再建」より前に資産を売却せよ

「日本が財政危機である」という話はよくみかけるのですが、その論拠は「国の借金がたくさんあるから」、というものです。この点については、そもそも「日本が財政危機である」という認識自体が誤りなのですが、百歩譲って、「現在の日本は『国の借金』がGDPの2年分に達しており、財政危機にあるため、日本は今すぐ財政再建をしなければならない」、という仮定が正しかったとしましょう。

では、「増税をして財政再建をしなければならない」という結論に至るものでしょうか。

そもそも私たち個人の生活で物事を考えてみましょう。年収500万円の人が1000万円の借金を背負っていて、借金を返さなければならないとしたら、真っ先にやることは、有価証券や不動産など、売れる資産を売り払うことです。

そして、これは国についてもまったく同じことがいえます。

目に見える範囲で、中央政府はたしかに多額の負債も抱えていますが、多額の金融資産も保有しています。図表⑪でも示したとおり、資金循環統計上「中央政府」に帰属している金融資産だけでも240兆円を超えており、金融負債からこの金融資産を差し引いた「純債務」は884兆円に圧縮されます。これに加え、政府系金融機関などのように、実

債務も多いが、日本政府には資産もたくさん！

■図表⑪　中央政府の金融資産・負債の状況（2019年12月末時点）

項目	金額（円）	備考
金融資産合計	**243兆9162億**	—
うち、現金預金	30兆7844億	うち外貨預金が12兆4719億円
うち、株式等	53兆5099億	政府系団体への出資金か？
うち、対外証券投資	120兆4938億	外貨準備の一部か？
金融負債合計	**1127兆8982億**	—
うち、国債	940兆1070億	市場では国債として流通
うち、国庫短期証券	94兆8665億	いわゆるTDB（分類債券）
金融資産・負債差額	883兆9820億	いわゆる政府系法人の出資金？

【出所】資金循環統計より著者作成

際にはこの「中央政府」勘定に計上されていない金融資産も多く、さらには後述するとおり、無駄に資産を蓄えこんでいる組織も多数存在していま す。

「財政再建」と主張するのならば、まずはこれらの資産を売り払うことから始めるべきでしょう。

もちろん、資産側に存在しているのは、外貨準備などのように、すぐに換金することが難しい資産が多数含まれていることは事実でしょう。しかし、売却可能な資産もあるはずです。増税の前に、日本政府が電波オークションの実施、天下り関連法人の民営化・株式上場ないし解散・廃止など、「売れる資産を売る努力」を通じて資産を換金する努力をするのが本筋です。つまり、必要な努力もしていないくせに、「財政再建のために増税が必要だ」といわれても、説得力はゼロなのです。

⑫ 公共放送の役割をはたさないＮＨＫを売れ

さて、「無駄に資産を蓄えこんでいる組織」というものはいくつかあるのですが、その筆頭が、ＮＨＫです。ＮＨＫは本体、関連団体などを含めた連結集団内全体で、金融資産だけで1兆円をこえる巨額の資産を蓄えこんでいます（※これらのなかには、ＮＨＫ職員らの退職給付にあてられるための巨額の年金資産も含まれています）。

ＮＨＫは放送法の規定により、テレビを設置した家庭などから事実上強制的に受信料を集めることができるという特権を持っている組織です。極端な話、制作する番組がどんなにつまらなくても構いません。実際、ＮＨＫがここまで巨額の資産を蓄えこんでいるという事実は、ＮＨＫが受信料の全額を番組制作に使用していないという有力な証拠でしょう。

ちなみに図表⑫に含まれているのは「金融資産」（現金・預金や有価証券の類い）だけですが、これ以外にもＮＨＫが保有している資産には、不動産があります。

ＮＨＫは財務諸表上、保有している不動産の明細情報を公表していませんが、少なくとも東京・渋谷にある8万平米を超える放送センターを筆頭に、都心部などに超優良不動産を大量に保有していると思われます。そうなると、「もしかするとＮＨＫ職員が居住する

金融資産だけでも少なく見積もって1兆円超！

■図表⑫　NHK連結決算上の金融資産等（2019年3月末基準）

勘定科目	金額（円）	記載箇所
①現金及び預金	1296億	連結B／S・流動資産
②有価証券	3039億	連結B／S・流動資産
③長期保有有価証券	1299億	連結B／S・固定資産
④建設積立資産	1707億	連結B／S・特定資産
⑤年金資産	4085億	退職給付関連注記
合計	1兆1426億	—

【出所】NHKの『平成30年度連結財務諸表』より著者作成

ための超豪華な社宅なども含まれているのではないか」、「これらを時価に引き直せば、下手をすれば数千億円から数兆円に達するのではないか」、などと疑うのは当然のことでしょう。

これらの資産は、はたして「放送事業」を行ううえで、本当に必要なものなのでしょうか。もしそうでないならば、国庫返納させ、財政再建に役立てるのが筋ではないでしょうか。

余談ですが、財務諸表的に見て、NHKには他にも大きな問題があります。少なくとも2019年3月期において、NHKの単体決算上の人件費は、職員一人あたり1500万円を超えていますが、これは国家公務員の給与と比べても異例の厚遇に見えます。はたしてこれが妥当なのか、国民的な議論が必要ではないでしょうか。

⑬ 最大の国債保有者になった日本銀行

日本国債の動向を読むうえで欠かすことができない論点は、本書執筆時点における日本国債の最大の保有者が日本銀行である、という事実です。

日銀が日本国債の最大の保有者となるきっかけとなった政策転換は、2013年4月に導入された量的質的緩和政策（ＱＱＥ）です。このＱＱＥは、簡単にいえば、日銀が金融資産を市場から大量に買い入れて、市場におカネを供給する、という戦略であり、最大の目標はデフレ脱却と適正なインフレ率（2％）の実現です。経済理論的には、通貨の供給量が増えればインフレになりやすくなるはずです。

なぜ2％のインフレ達成が望ましいかといえば、インフレ率が高まれば失業率が低くなる効果があるほか、経済成長を伴ったインフレにより債務圧縮を図ることができる、といった事情もあるのですが、これについては後ほど詳しく検討することとして、まずはＱＱＥの前後で日銀のバランスシート（日銀の負債勘定の現金・預金、日銀が保有する債券や投信、預金取扱機関が保有する日銀当預、債券、預金取扱機関の負債勘定の預金）の各項目がどう変わったかをまとめたものが、図表⑬です。

これは、日銀がＱＱＥに踏み切る直前の2013年3月と、本書執筆に当たって最新デ

膨張する日本銀行の金融資産

■図表⑬　ＱＱＥの前後でどう変わったか

項目	2013年3月末→2019年12月末	増減
日銀の負債勘定の現金・預金	148兆円→534兆円	386兆円の増加
日銀が保有する債券	132兆円→500兆円	367兆円の増加
うち、国債・短期国債	128兆円→495兆円	366兆円の増加
日銀が保有する投資信託	2兆円→36兆円	28兆円の増加
預金取扱機関の日銀預け金	55兆円→373兆円	328兆円の増加
預金取扱機関の保有する債券	495兆円→293兆円	207兆円の減少
うち、国債・短期国債	369兆円→151兆円	219兆円の減少
預金取扱機関の負債勘定の預金	1248兆円→1517兆円	257兆円の増加

【出所】日銀『データの一括ダウンロード』のページより『資金循環統計』データを入手して加工

ータが入手できた２０１９年12月時点を比較したものですが、日銀がこの６年間で、負債サイドの現金・預金（≒マネタリーベース）を４００兆円弱拡大してきたことがよくわかります。負債が拡大するということは、保有している資産が拡大しているということであり、とくに日銀が保有する国債は３６６兆円増えています。ただ、その反面、預金取扱機関にとっては「買える資産がなくなる」ということであり、国債保有残高は２１９兆円減少し、その分、日銀当預が３２８兆円も増えているのです。

　しかも、家計資産はＱＱＥとは無関係に増え続けており、預金取扱機関にとって負債に計上される預金の額も２５７兆円増えています。その分、預金取扱機関にとっては資産運用をしていかねばならないという圧力が強まっているのです。

⑭ マイナス金利は日本銀行のせいなのか?

日銀は現在、量的質的緩和政策(QQE)に加え、預金取扱機関に対して「日銀当預」の一部に対する「マイナス金利」政策を適用しています。この点、「現在の日本国債市場では流通利回りがマイナスとなっている」という話題は25ページでも取り上げたとおりなのですが、これについて一部のメディアでは、「日銀のマイナス金利政策のせいで国債市場の利回りがマイナスとなっている」、「金融機関はマイナス金利政策によって運用利回りがマイナスになっている」、などと報じられているようですが、こうした報道は正しいのでしょうか。

結論からいえば、これは完全な間違いです。

図表⑭-1は、財務省『国債金利情報』のデータをもとに調べた「国債が初めてマイナス利回りとなった日付」です。ちょっと時系列を調べただけでも確認できるとおり、少なくとも1年債から4年債については、日銀のマイナス金利政策導入よりも1年以上前の段階でマイナス利回りで取引されていたことがわかります。つまり、日銀のマイナス金利政策は、国債市場の利回りがマイナスに低下するという現象に拍車をかけたのかもしれませんが、「日銀のマイナス金利政策をきっかけに国債市場がマイナス金利になった」という

常態化するマイナス金利

■図表⑭－1　国債が初めてマイナス利回りとなった日付

債券種別	初めてマイナスとなった日	その時点の利回り(%)
1年債	2014/12/17	-0.001
2年債	2014/12/03	-0.003
3年債	2014/12/03	-0.004
4年債	2014/12/29	-0.003
5年債	2016/01/29	-0.071
7年債	2016/01/29	-0.055
10年債	2016/02/09	-0.020
15年債	2016/06/13	-0.006

【出所】財務省『国債金利情報』より著者作成。ただし年限はコンスタント・マチュリティ・ベース

「マイナス金利が金融機関に影響」、本当？

■図表⑭－2　日銀当預マイナス金利適用残高(2020年3月時点)

業態	当預残高(円)	マイナス金利適用部分(円)	割合(%)
都市銀行	141兆4260億	0	0
地方銀行	40兆0690億	820億	0.20
第二地銀	6兆1910億	230億	0.37
信託銀行	40兆6800億	10兆5060億	25.83
外国銀行	34兆3580億	7兆3420億	21.37
その他	80兆9240億	4兆5590億	5.63
上記合計	343兆6480億	22兆5120億	6.55

【出所】日銀『業態別の日銀当座預金残高』より著者作成

のは、時系列から見て誤った事実認定であるという点は明らかでしょう。

また、「国内金融機関の日銀当預にマイナス金利が適用されることによって金融機関経営の重しになっている」という主張を見ることもあるのですが、こうした主張も、必ずしも正しいものではありません。日銀が公表している『業態別の日銀当座預金残高』という資料によると、図表⑭－2でも見るとおり、たとえば2020年3月末時点において、預金取扱機関等の日銀当預残高は合計で344兆円弱ですが（うち都市銀行が141兆円で最多を占めます）、このうちマイナス金利が適用されている部分は、日銀当預全体のわずか6・55％に過ぎません。また、業態によっては日銀当預全体の20～25％程度にマイナス金利が適用されているという事例もあるものの、いわゆる銀行業界ではその残高は非常に低く、マイナス金利が適用されている残高は地銀で0・2％、第二地銀で0・37％、最大の資金量を持つ都銀に至ってはゼロ％です。

もちろん、日銀の金融政策のうち、とくに国債の大規模な買入が国債市場金利の下落を招いていることは事実であり、こうした状況が金融機関経営の重しになっていることは間違いない点ではありますが、少なくとも「マイナス金利政策が預金取扱機関の日銀当預利回りをマイナスにすることを通じて金融機関経営に打撃を与えている」という事実は確認できません。あくまでも著者の私見ですが、日銀がマイナス金利政策を取る目的は、「マイナス金利政策だぞ!」と大々的に宣伝することにより、金融市場に対して「日銀はこれだけのことをやっている」というメッセージを与えるためなのではないか、とすら思っているほどです（あるいは「将来のさらなる利下げ余地を確保するため」、という可能性もありますが……）。

いずれにせよ、現在の局面で「金融機関の運用難」という状況の原因を作っているのは、日銀による金融緩和やマイナス金利政策というよりはむしろ、日本政府による実効性のある財政政策を欠いた状況にあるのではないでしょうか。

⑮日本がハイパーインフレになる可能性はゼロ

日銀が量的質的緩和政策（QQE）をとったことで生じたことのうち、いちばんわかりやすいのは、「今や日銀が最大の日本国債保有者になっている」という事実です。

図表⑮では、日本国債流通市場における保有主体別の日本国債保有比率をグラフ化してみたのですが、2019年12月末時点で日銀が国債全体の44％を保有していることがわかります。そうなってくると、「日銀がこんなにたくさん国債を持っているのは危ないんじゃないか」、といった懸念を抱く人も出てくるでしょう。それが「ハイパーインフレ懸念」です。

世界史の教科書を読むと、たいていの場合、第一次大戦直後のドイツで「札束の山で遊ぶ子供の写真」などが紹介されています。こうした写真は「紙幣を刷り過ぎたことによって、経済が崩壊してしまった事例」として、私たちの脳裏に知らず知らずのうちに刷り込まれているのではないでしょうか。

では、日本政府が無制限に国債をジャブジャブと発行し、それらを日銀が無制限に買い入れてしまうということに、なにか問題はないのでしょうか。

結論的にいえば、日本政府が無制限に国債を発行し、日本銀行が無制限にそれを引き受

今や日銀が最大の日本国債保有者に！

■図表⑮　日本国債流通市場における保有主体別保有比率

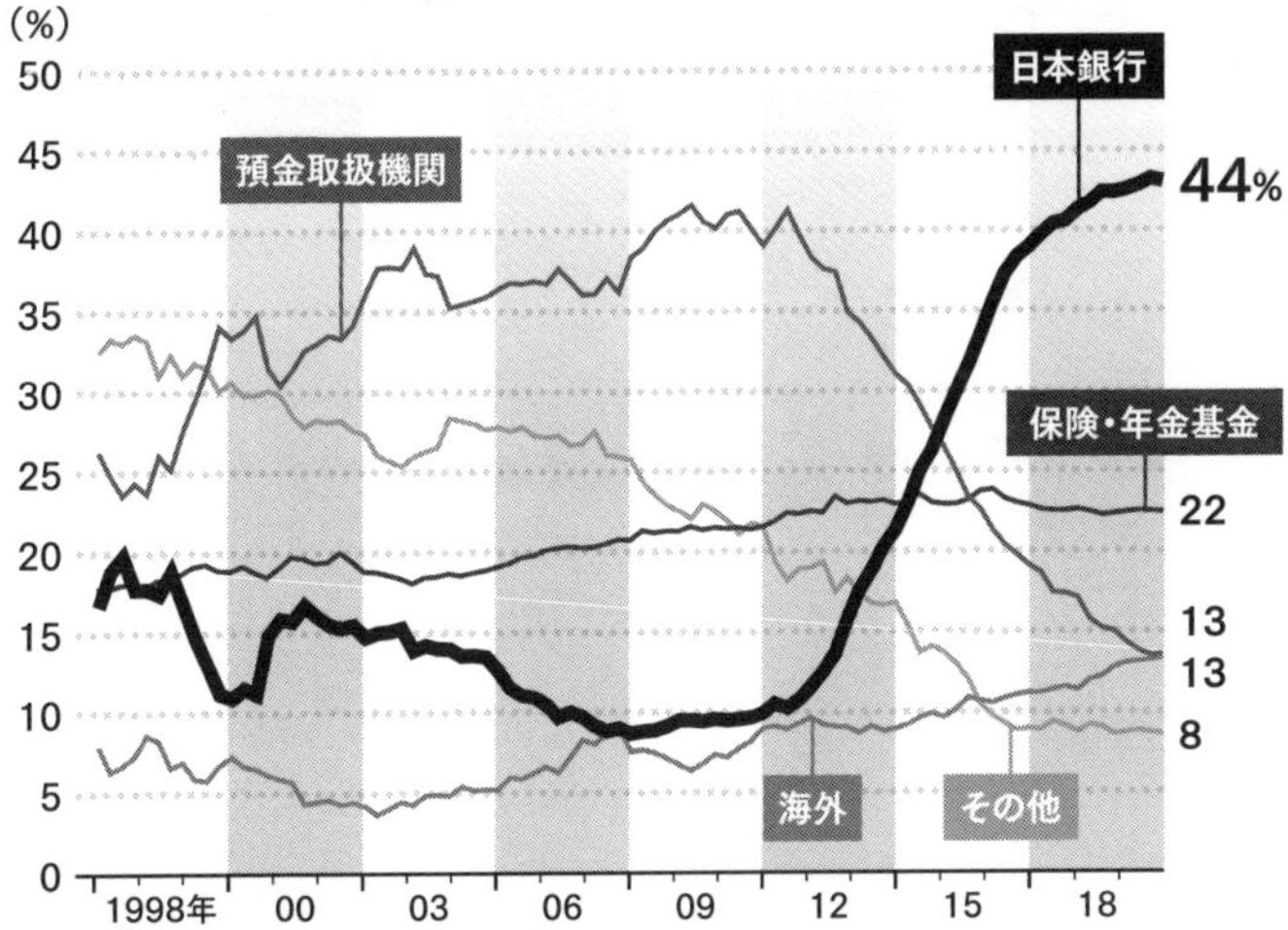

【出所】日銀『データの一括ダウンロード』のページより『資金循環統計』データを入手して加工

けるようなことがあれば、ハイパーインフレという問題が生じる可能性はあります。とくに、経済全体の供給力をはるかに上回る金額の国債を発行してしまうと、経済は破綻《はたん》してしまうでしょう。とくに最近、「自国通貨を無制限に刷っても問題にならない」とする理論もあるようなのですが、これについては著者としては賛同できません。たとえば、現在の国債発行残高は1132兆円（※時価ベース、財投債・TDBを含む）ですが、これを一気に今の10倍の約1京円という水準に膨らませ、その全額を日銀が引き受けたとすれば、さすがにハイパーインフレになるかもしれません（もっとも、日本政府が1京円の国債を発行して資金調達し、それを公共事業などに使おうとしても、現実的には供給力が追い付かないため、そもそも「1京円の国債増発」は現実的なプランではありませんが……）。

ただし、こうした極端なケースを別とすれば、現在の日本が「日銀の量的緩和の影響でハイパーインフレになり、経済が崩壊する」という可能性は皆無と考えて良いでしょう。というのも、日銀が現在実施しているＱＱＥは、国債などの金融資産を金融市場から買い入れることによって行われているからです。いわば、ＱＱＥは既存の金融資産の発行残高の範囲内でしか実施できないからです。

⑯ 372～500兆円なら新規国債発行は問題ない

ここまでの議論で、今や日銀が最大の日本国債保有者であるという点、そして日銀が国債を山ほど買ってしまうがために、国債の市場金利が低迷し、また、預金取扱機関などの機関投資家にとっては運用対象として買うべき国債がない状態にある、という点はわかったと思います。ということは、日本国内で有り余っている資金を吸収するという意味でも、日本政府はむしろ国債を積極的に増発すべきだ、ということでもあります。

前節で見たとおり、「自国通貨建ての国債であれば無制限に発行しても構わない」、などとする議論には、著者としては賛同できません。しかし、現在の日本が抱えているデフレギャップ、つまり有効需要の不足部分を埋めるためであれば、国債を追加で発行したとしてもハイパーインフレになることはありません。むしろ、日銀が金融政策で下支えしてくれている間に、国債を「適正な額」だけ増発し、その国債を財源として公共事業を実施するなり、減税するなりすれば、日本経済がデフレから脱却し、健全な経済成長軌道に乗ることに寄与するはずです。

では、その「適正な額」とは、いったいいくらくらいでしょうか。

著者のさまざまな試算では、その金額は少なく見積もって300～500兆円と見ていますが、その根拠として、代表的なものを2つほど挙げておきましょう。

第一に、預金取扱機関の資金ギャップです。すなわち、預金取扱機関が保有する債務証券（国債など）の残高が、日銀のQQEが始まる以前と比べて207兆円減少しているのに加え、負債側の預金量が257兆円増加しているため、単純計算でも、預金取扱機関にとっては、債券を購入する余力はQQE以前と比べて464兆円増えている計算です。

ふたつ目は、序章②の資金循環統計の図表でも確認したとおり、日本から外国に対する純資産が372兆円に達している点です。もちろん、この「372兆円」とは、「日本という国が外国に372兆円を現金で貸し付けている」という意味ではなく、株式、外国国債、海外子会社株式などさまざまな金融資産と金融負債の差額であり、また、時価評価の影響もあるため、単純なものではありません。しかし、ざっくりした目安として、「国債を372兆円増発しても、まったく問題ない」という意味でもあります。

結局のところ、適正な国債発行残高というものは、そのときの経済が置かれている状況やその国の国力などによって総合的に決まるのであり、「公的債務残高GDP比率は60％に抑えなければならない」だの、「中央銀行が国債引受をしたら直ちにハイパーインフレになる」だのといった俗説は、トンデモ理論です。日本の場合、最大の問題点は「カネ余り」であり、これを解消することがデフレ脱却の第一歩となるのです。

⑰ 政府だけに許される借金を返す「4番目の方法」

「国の借金」論の間違いは、結局のところ、「自国通貨建てで調達されている国債の安全性は一国の資金循環との関係で決まる」という、いちばん重要な点を無視しているところが出発点です。

ただ、ここでもうひとつ考えておきたいのが、「国家と個人の最大の違い」です。住宅ローンにせよ消費性ローンにせよ、個人の場合だと、おカネを借りた場合には、「ちゃんと働いて返す」のが基本です。これに加えて住宅ローンなどの場合は、債務者が亡くなった場合には団体信用生命保険（団信）からローンが返済されることが一般的ですし、年収が大幅に下がったり、仕事を失ったりした場合には、資産（住宅など）を売却してローンを返したり、債務整理などの交渉によって債務減免に応じてもらったりする、などのケースが考えられます。ただ、ここで重要なのは、個人が借金を返す方法は、基本的には①ちゃんと働いて返す、②手持ちの資産を売却する、③破産、任意整理、民事再生法、団信などの「飛び道具」を使う、という、大きく3つである、という点です。

そして、これと同じ議論は、個人だけでなく、企業が借金を返す手段を議論する場合にも同様に当てはまります。企業がおカネを借りた際には、基本的には①営業活動を行い、

■図表⑰　モノとカネの関係

区分	インフレ	デフレ
モノの価値	モノの価値が上昇すること	モノの価値が下落すること
カネの価値	カネの価値が下落すること	カネの価値が上昇すること

【出所】著者作成

それによって生じるキャッシュ・フローから返済する、②手持ちの営業用資産や遊休資産、有価証券などを売却して返済する、③破産、任意整理、会社更生法、民事再生法などの「飛び道具」を使う、などの「返済方法」があるのです。

では、中央政府の場合、どうでしょうか。

当然、中央政府についてもこの3つのパターンをあてはめることができます。具体的には、「①税収を増やし、歳出を減らして借金を減らす、②手持ちの資産を売却して返済する、③特別立法かなにかを使って国の借金をチャラにする（いわゆる徳政令）」、というパターンでしょう。日本政府が現在やろうとしていることは①であり、②の努力がまったく足りていないというのは先ほども本章⑪で指摘したとおりです。また、余談ですが、外貨建ての国債のデフォルトを発生させたアルゼンチンなどは、③の方法で借金をチャラにしようとしていたものの、国際社会の反発に遭って失敗したようです。

ところが、中央政府の場合、債務を圧縮する方法としては、この3つに加えて、もうひとつ、「国にだけ許される4番目の方法」があります。それが、「経済成長を伴ったインフレによる実質債務の圧縮」です。

ここで、「インフレ」とは、「貨幣価値の下落」＝「物価の上昇」を意味します。具体的には、モノやサービスの値段が上がれば、「同じおカネで買えるモノやサービスの量が減る」＝「同じモノやサービスを買うために必要なおカネが増える」ということです（つまり、「貨幣価値の下落」と「物価の上昇」は同じ意味です）。ちなみに一方、インフレの対義語が「デフレ」、つまり「貨幣価値の上昇」＝「物価の下落」です。デフレを先ほどと同じ具合に表現すれば、「同じおカネで買えるモノやサービスの量が増える」＝「同じモノやサービスを買うために必要なおカネが減る」、ということです。

いずれにせよ、その国の通貨についてインフレが生じれば、「モノの値段が上がった」ということであり、それは同時に「貨幣の価値が下落した」という意味でもあります。そして、「貨幣価値の下落」、カネを借りている側からすれば、同じ額のカネを借りていても、借金を返す負担は軽減されるはずです。

つまり、ある程度インフレを進行させることにより、債務の実質的な価値を軽減するというテクニックは、個人や企業と異なり、国家に認められる借金返済のための「特権的な方法」である、という言い方をしても良いでしょう。

⑱ なぜインフレ率2％が望ましいのか

「インフレによる債務価値の圧縮」の詳細について触れる前に、インフレの特徴について考えておきましょう。もし社会全体が適度なインフレ状態を維持するのが望ましいというのならば、どのくらいの水準が適切なのでしょうか。

これについてはだいたい多くの経済学者の見解は一致していて、答えは「だいたい年間2％ていどのインフレが望ましい」とされています。実際、米ＦＲＢや欧州中央銀行など、主要国の中央銀行もだいたい「2％のインフレ目標」を政策目標に掲げていて、政策金利などの手段を使ってインフレ率を2％に誘導しようと苦心しています。

では、なぜインフレが望ましく、デフレは望ましくないのでしょうか。これにはだいたいふたつの理由があります。

ひとつ目の理由は、多くの場合、インフレは経済成長を伴うからです。たとえば、ＧＤＰが年間3％ほど伸びたとすれば、経済がそれだけ大きくなったという意味ですが、人々の給料（可処分所得）が少しずつ増えていくためには、モノやサービスの値段も少しずつ増えなければいけません。そして、名目ＧＤＰが3％成長し、その間のインフレ率が2％だったとすれば、実質経済成長率は1％、というわけです。

■図表⑱　フィリップス曲線

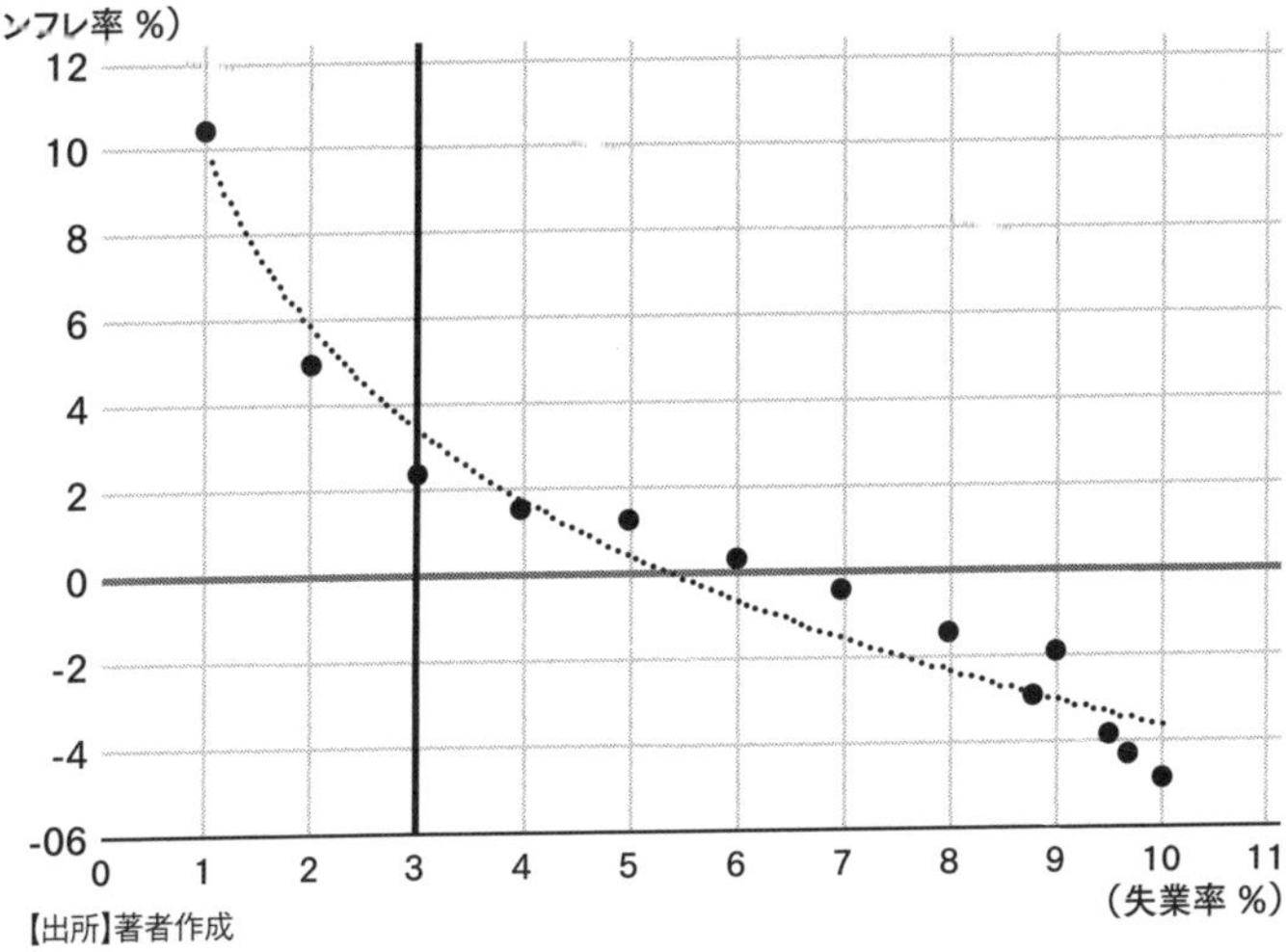

【出所】著者作成

一方、ふたつ目の理由としては、「適度なインフレは雇用拡大に寄与する」、というものがあります。これは、20世紀の経済学者のフィリップス（1975年没）が発見した、「インフレ率と失業率の関係」のことで、現在では「フィリップス曲線」と呼ばれています。この関係は、国によっても微妙に違いますが、事実として「失業率とインフレ率には負の相関関係がある」という点については繰り返し示されており、中央銀行が金融政策を採用する際に、望ましいインフレ率水準を意識するのも、こうした観測事象があるのです。

なお、米国のFRBの場合は、政策目標に「2％インフレ率の達成」と「雇用の最大化」が入っていますが、これもフィリップス曲線を念頭に置いているとされています。

なお、「失業率を完全にゼロにしたい」と思うならば、無限のインフレ状態（あるいはハイパーインフレ状態）にすれば良いじゃないか、と言い出す人もいるのですが、これは正しくありません。仮に経済が「働きたい人は働ける」という健全な状態だったとしても、たとえば「転職したい」、「一念発起して資格を取りたい」、「大学に入り直したい」などの理由で職を離れている人は常に社会に存在しているからです。そして、この「完全雇用」の状態の失業率を「自然失業率」と呼ぶのですが、自然失業率を超えて失業率を減らそうとすれば、逆にインフレの弊害の方が大きくなってしまいます。こうした事情もあり、経験則として「だいたい2％くらいのインフレ率ならば、自然失業率」の範囲に収まるとされているのです。

また、当たり前の話ですが、インフレ率が高ければ高い方が良いという話ではありません。たとえば、インフレが進行しているにもかかわらず経済が停滞するという現象（いわゆるスタグフレーション）や、インフレ率が高くなり過ぎて収拾がつかなくなり、貨幣価値が暴落する「ハイパーインフレ」といった現象については避けねばならない、とされています（※著者自身は現在の日本でハイパーインフレが発生するとは考えておりませんが……）。

⑲ 1％成長でも70年で借金はチャラ

先ほども触れたとおり、「個人が借金を返すためには、①正攻法で働いて返す、②資産を売却する、③飛び道具を使う、という3つの方法がある」という議論を紹介しました。そして、これに加えてもうひとつ、「国にだけ許される第4の方法」というものがあります。それが「インフレによる実質的な債務価値の圧縮」です。

具体的には「ハイパーインフレにならない程度で、経済成長を伴いながら適切なインフレを進行させ、それによって名目GDPを成長させることで、結果的に公的債務残高の実質負担額を減らす」、という手法です。この方法こそ、日本がこの30年間、頑なに無視し続けていた「第4の方法」なのです。

もちろん、こうしたインフレが進行すれば、現金預金などの資産を持っている人にとっては、「自分自身が持っている金融資産の実質価値が目減りしてしまう」というデメリットもあるのですが、それと同時に忘れてはならないのは、経済成長を伴うインフレであれば、経済成長の果実が経済全体に及ぶ、という点です。その前提となる考え方のひとつが、「70年1％の法則」と呼ばれるものです。

図表⑲は、複利計算のロジックを使い、「元本が何年後に2倍になるか」という関係を

■図表⑲　元本が2倍になる複利と年数の関係

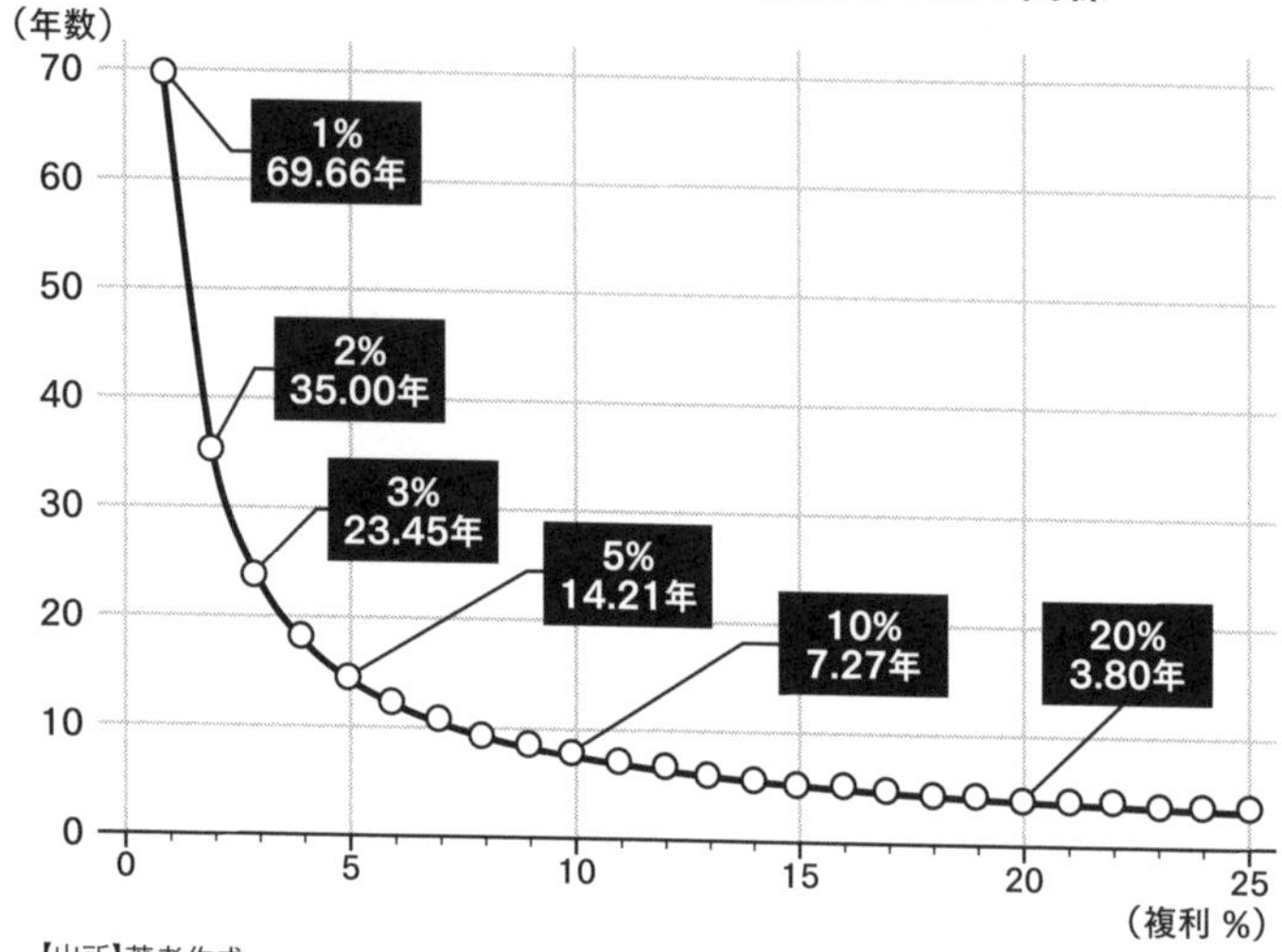

【出所】著者作成

調べたものです。年間1％の複利回りで資産を運用して行った場合、その資産が2倍になるために必要な年数は約70年（正確には69・66年）ですが、複利回りが2％に上昇すれば、2倍になるための年数はその半分の約35年に圧縮できます。経済成長率やインフレ率もこれと同じであり、たとえば経済が年間3％で成長し続けた場合には、23・45年でほぼ倍になる、ということです。

仮に公的債務残高が1000兆円、GDPが500兆円としましょう。このときの公的債務残高GDP比率は200％です。ところが、2％経済成長が35年続けば、GDPは約1000兆円になります。この場合、増税などによる財政再建をしなかったとして、公的債務残高が1000兆円で変わらなかったとしても、公的債務残高GDP比率は一気に半分の100％に下がるのです。これこそ、「通貨発行権を持っていて、しかも永続する組織」である国にだけ許された、「インフレを通じた債務圧縮法」の正体なのです。

この点、現在の日本は、誤った「財政再建原理主義」に基づき、増税によって税収増を達成しようとして、税負担が重くなり過ぎ、経済から活力が失われた状況にあると考えられます。これに加えてマスメディアが「将来の不安」を煽《あお》るものだから、家計は一貫して生活防衛として消費を萎縮させ、企業は一貫して投資を控え、貯金に一生懸命に励んできたのです。その結果が、いつまでたっても終わらないデフレ不況という状況を招いてしまっているのです。

逆にいえば、現在の日本のように、長引くデフレに苦しむ国の場合は、政府による抜本的な経済成長策（とりわけ消費税の減税、あるいは凍結）を通じて有効需要を喚起し、経済成長の呼び水とすることが必要です。本章で見てきたとおり、日本は国債の増発が可能ですし、次章でも述べるとおり、日本円という「世界最強クラスのハード・カレンシー」を保有する日本は、「国債増発を通じた経済成長」という政策手段を講じることができるという特権を持っている国でもあります。こうした特権を使わないわけにはいきません。

⑳「失われた30年」の戦犯は誰か

日本の低経済成長を「失われた20年」と呼ぶこともありますが、著者はすでに「失われた30年」になったと考えています。というのも、今から31年前、1989年の消費税導入によって、日本経済はケチを付けた格好となったからです。

もちろん、日本の低成長の原因のすべてが消費税だと申し上げるつもりはありません。日本政府（当時の大蔵省）や日本銀行が適切な経済運営をしなかったことや、1993年の政権交代などで日本の政治が安定しなかったことなども原因でしょう。ただ、仮に日本経済がこの30余年、毎年2％の経済成長を達成し続けていた場合、1989年と比べて現在のGDPは2倍近くになっていたはずです（図表⑲）。

では、「取らぬ狸の皮算用」かもしれませんが、実際にそれを確認しておきましょう。図表⑳は、「もしも日本経済がまともに経済成長していたら、今の日本のGDPはいくらだったか」について試算したものです。1989年のGDPは421兆円でしたので、2019年のGDPは、仮に毎年2％成長が達成できていたならば763兆円、仮に3％成長だったとすれば、じつに1000兆円の大台を超えていたはず。

現実には、この30年余りでGDPはほとんど変わっていないのは、やはり財務省の誤っ

もしも、日本経済がまともに経済成長していたら…？

■図表⑳　日本経済が成長していた場合のGDP試算値

年間成長率(%)	1989年のGDP(円)	2019年のGDP(円)
1.00	421兆	568兆
2.00	421兆	763兆
3.00	421兆	1,023兆
5.00	421兆	1,822兆
7.00	421兆	3,208兆
10.00	421兆	7,354兆

【出所】著者による試算

た増税路線を筆頭に、わが国のマクロ経済運営に著しい問題点があったからだと断言せざるを得ません。2019年10月には消費税・地方消費税の合計税率が10％に引き上げられたことで、2019年第4四半期（10−12月）のGDP（速報値）が年換算でマイナス6％を超える大幅なマイナス成長となったことも、消費税の増税がいかに間違っているかという証拠でしょう。

いずれにせよ、公的債務残高GDP比率や「財政健全化目標」は、「国債の安全性」を議論するうえで、まったく役に立ちません。そして、世界に広く通用する日本円という通貨建てで国債を発行することができるという幸運な立場に恵まれた日本が、増税原理主義で経済を潰《つぶ》して来たことについては、どう考えても正当化できるものではないのです。

第2章

最強日本を支える円の実力

「国の借金論」の間違いもさることながら、わが国は「ハード・カレンシー」国であり、インフレ率がコントロール不能にならない範囲で国債をかなり大胆に増発することができるという特徴がある国でもあります。このあたり、「ソフト・カレンシー」国にはないメリットなのですが、本章ではあまり焦点が当たることのない「円の実力」について、じっくりと考えていきたいと思います。

① 通貨の強さが国家の強さ

「国の借金」の議論を通じて、何となく想像がついている方もいらっしゃると思いますが、通貨と国債は、「国自体の信用を裏付けとして発行されている」という意味では、非常によく似ています。

「世界に通貨はいくつあるのか」について、正確なところはよくわかりませんが、著者自身の試算では、世界に「通貨」と呼べるようなものは、少なく見ても160~170はあると考えています（図表①。もっとも、通貨の数は「通貨」をどう定義するかによっても大きく変動しますし、世界では新しい通貨ができたりなくなったりしていることもあるため、現時点においてこの図表の試算が正しいという保証はありませんが……）。

ここで重要なのが、多くの国が採用している「管理通貨制度」という仕組みです。管理通貨制度とは、その国・地域の中央銀行（や通貨当局）は、別に裏付けとなる資産（金地金など）がなくても、基本的には好きなだけ自国のおカネ（紙幣など＝自国通貨）を発行しても良い、という仕組みのことです。これは裏付けとなる現物資産が中央銀行の金庫になくても紙幣などを発行ができるため、経済実態に照らして適切な量の通貨を供給することができるという長所がある反面、中央政府による放漫財政の温床になりかねない、という

通貨の数自体は多いのだが…

■図表① 世界に通貨はいくつあるのか

区分	国・通貨の数	備考
①世界の国の数	200ヵ国前後	台湾など、日本が承認していない国を含めた概数
②同一通貨を使用する国の数	41ヵ国	ユーロ(19ヵ国)、CFAフラン(14ヵ国)、東カリブ・ドル(8ヵ国)
③独自通貨を発行していない国	約10ヵ国	米ドルを使用する国(東ティモールやパラオなど)、ユーロを使用する国(バチカン、サンマリノなど)、スイスフランを使用するリヒテンシュタインなど
④単一国で複数通貨を使用している国	10〜20地域?	フランス海外領(CFPフラン)、香港、マカオ、英領ジブラルタル　など
⑤世界の通貨の数(概算)	160〜170通貨?	①−②+2−③+④

【出所】著者作成

短所があります。もしも資産の裏付けもないのに中央政府がどんどんと紙幣を刷り、公共事業だの減税だのといった「大盤振る舞い」を繰り返せば、その国の通貨の価値が暴落し(＝ハイパーインフレ状態)、最悪の場合、通貨制度そのものが崩壊してしまいかねません。だからこそ、民主主義国では政府の放漫財政を防ぐために、国会で予算により財政を制限しているのであり、また、管理通貨制度を採る国の多くは、中央政府と中央銀行を機能的に分離し、国債の中央銀行の直接引受などを禁止しているのです。

ただ、こうした「管理通貨制度」については、うまく運用している国と、そうではない国が存在していることもまた事実です。たとえば、新興市場諸国のなかには、20

19年に大統領が中央銀行総裁を更迭したトルコの事例のように、中央銀行の中央政府からの独立が不十分だと疑われる事例もありますし、これらの諸国のなかには、インフレ率のコントロールにかなり苦慮しているというケースもあります。

では、通貨の実力について議論するうえで重要な視点とは、いったい何でしょうか。ここでカギとなるのが、次の「通貨の3つの機能」です。

①価値の尺度…財貨・サービスの価値を金額で測定する機能
②交換・決済…財貨・サービス、金融商品等を購入・決済する機能
③価値の貯蔵…経済的価値を未来に向けて貯蔵する機能

これは、たいていの経済学の教科書に書かれていますが、大事な点は、世界で発行されている通貨がすべて「通貨の3大機能」を持っているわけではない、という点です。つまり、「通貨」とは名ばかりで、この3つの機能のうちどれかが不十分であったり、欠落していたりするのです。そこで以下の議論では、この「通貨の3つの機能」という考え方に加え、必要に応じて実際の金融統計の数値なども使いつつ、日本円という通貨が、また、日本の金融が世界でどういう地位を占めているかについて、探っていきたいと思います。

②ハード・カレンシーとソフト・カレンシー

さて、「管理通貨制度を採用している場合、自国の通貨であれば自由に発行できる」というのは、たいていの経済学の教科書に掲載されている論点なので、ご存知の方も多いでしょう。ただ、通貨の実力を読むうえで欠かせない論点が、「ハード・カレンシー」と「ソフト・カレンシー」の議論です。

著者の定義で恐縮ですが、「ハード・カレンシー」とは「国際的な商取引や資本取引などで広く使われていて、その通貨で決済や売買をする際に法的・時間的な制約が少ない（つまり使い勝手が良い）通貨」のことであり、「ソフト・カレンシー」とは「ハード・カレンシーの要件を満たさない通貨」のことです。

ハード・カレンシーのなかでもとくに「強い」通貨が米ドルで、しばしば「基軸通貨」と呼ばれることもあります。また、米ドルの次に国際的な通用度が高い通貨がユーロ、日本円、英ポンドであり、これらを「準基軸通貨」などと呼ぶ人もいるようです。なお、図表②ではスイスフランやカナダドルを「その他のハード・カレンシー」に、豪ドル、NZドル、北欧通貨、香港ドル、シンガポールドルなどを「準ハード・カレンシー」に含めていますが、このあたりの線引きは非常に曖昧《あいまい》ですし、金融規制当局者の間でも確立した定義はないようです。

ただ、少なくとも規制当局者や市場参加者の多くは、中国の通貨・人民元については現時点で「ソフト・カレンシーだ」と考えていることは間違いないでしょうし、それ以外の通貨（たとえば韓国ウォンやトルコリラなど）についても、ほぼ「ソフト・カレンシー」だと考えて間違いありません。

ハード・カレンシーとソフト・カレンシーの最大の違いは、その通貨が世界の金融市場でどの程度の存在感があるか、という点に現れて来ます。とくに、国や企業が国際的な金融市場で資金調達する際、ハード・カレンシーだと投資家が投資しやすく、調達した資金も使いやすいのですが、ソフト・カレンシーの場合はそもそもその通貨で外国の国・企業などが資金調達することは非常に難しく、また、せっかく資金調達しても、その資金を国際的な商取引、資本取引などで活用することも非常に難しい、という事情があります。だからこそ、その通貨が「ハード・カレンシー」なのか、「ソフト・カレンシー」なのかという視点は、通貨の実力を議論するうえでは基本となる、とても重要な概念なのです。

これに加えて非常に重要な点があるとすれば、私たちの国・日本の通貨である日本円が、世界のなかでもとくに地位が高い通貨である、という点でしょう。というのも、わが国に住んでいたらあまり気付かないのですが、日常生活から大規模な商取引に至るまで、

世界の通貨を分類すると…？

■図表②　ハード・カレンシーやソフト・カレンシーの具体例

区分	カテゴリー	具体例
ハード・カレンシー	基軸通貨	米ドル
	準基軸通貨	ユーロ、日本円、英ポンド
	その他のハード・カレンシー	スイスフラン、カナダドル
準ハード・カレンシー	オセアニア通貨	豪ドル、NZドル
	北欧通貨	デンマーククローネ、スウェーデンクローナ、ノルウェークローネ
	アジア通貨	香港ドル、シンガポールドル
ソフト・カレンシー	BRICS通貨	ブラジルレアル、ロシアルーブル、インドルピア、中国人民元、南アフリカランド
	上記以外のG20通貨	サウジアラビアリヤル、メキシコペソ、アルゼンチンペソ、韓国ウォン、インドネシアルピア、トルコリラ
	その他のソフト・カレンシー	その他多数（たとえばタイバーツ、マレーシアリンギット、ベトナムドン　など）

【出所】著者作成

たいていの場合は日本円だけで事足りるからです。これに加えて日本国内には資金が有り余っており、日本国債については「円建て」で発行されていますし、しかも日本円という通貨が国際的に広く通用するハード・カレンシーであることから、国債デフォルトの3要件（第1章③）のうち①～③をいずれもまったく満たしていないという特徴があるのですが、私たち日本人はそのことの価値を意外と理解していないのです。

③自国でさえ通用しない弱小通貨もある

通貨の使い勝手を決める際に考慮すべき通貨の3大機能のうちのひとつは「価値の尺度」です。この「価値の尺度」とは、「貨幣経済」の基本的な話であり、たとえば「ニンジン1本100円」、「ダイコン1本200円」、「コメ5キロ2000円」、「ピアノ教室の授業料1時間5000円」といった具合に、すべてのモノ・サービスの価値を「円」という同じ価値で一元的に測定・比較するための道具として使われる、という意味です。貨幣がなければ、「ニンジン2本とダイコン1本が同じ価値だ」、「ダイコン10本とコメ5キロが同じ価値だ」、という具合に、いちいちモノに換算しなければなりませんし、「ピアノ教室のレッスンを1時間受けるためには、ニンジンは何本必要か」などと急に聞かれても答えられる人は少ないでしょう。

つまり、通貨が存在することによってモノやサービスの価値を簡単に比較することができる、ということがわかります。これは非常に便利な機能ですね。

ただ、この「価値の尺度」という機能自体、どんな通貨であってもきちんと機能するとは限りません。これについて考えるうえで参考になる事例が、自国であっても自国の通貨があまり流通していない（あるいは外貨の方が好まれる）というパターンです。

日本国内だと「日本円が店で使えない」、「日本円以外の外貨で支払いが求められる」という場面に出会うことはまずありませんが、市販の旅行ガイドなどを読んでいただければわかるとおり、外国（とくに発展途上国）の場合、自国の通貨ではなく、外国の通貨（とくに米ドルやユーロ、日本円の紙幣）がそのまま通用している、という場面にしばしば出会います。国によっては、レストランで食事をしたときの請求書に、現地通貨、隣国の通貨、ドル、ユーロなどで金額が書き込まれていて、客は好きな通貨で支払いをすることができる、という局面に出会うこともあります。

こうした「自国通貨よりも外貨の方が通用している」という事例について、図表③で4つほど事例を挙げておきましょう。

たとえば、世界を代表する「カジノ都市」としても有名なマカオの場合、中国の一部でありながら独自通貨「パタカ」を発行しているのですが、現実には、香港ドルがパタカとほぼ等価で流通しています。たとえば「香港旅行のついでにマカオを訪れる」という人は、いちいち香港ドルからマカオパタカに両替する必要はないのです（厳密には、外為市場では香港ドルとパタカは等価ではなく、香港ドルのままで買い物をすると微妙に不利なのですが…）。ただし、興味深いことに、マカオにおいてはパタカは無価値というわけではなく、基本的にマカオ域内であれば一部施設を除き、パタカは問題なく使えます。

すべての通貨が自国民により使用されているのか?

■図表③　自国・自領域で通貨が通用していない事例

国・地域	通貨	その通貨の流通状況
マカオ	マカオパタカ（MOP）	マカオの通貨・パタカ自体、カジノ施設などを除けばマカオ域内で問題なく通用するが、そもそも香港ドル（HKD）の流通量が非常に多く、事実上、香港ドルはパタカとほぼ等価として使用されている
北朝鮮	北朝鮮ウォン（KPW）	通貨改革の失敗に加え、国連安保理経済制裁などにより経済が極度に疲弊しており、北朝鮮国内では米ドルや人民元などが広く通用しているとの報道もある（※なお、北朝鮮ウォン自体は無価値とは言い切れない）
ジンバブエ	ジンバブエドル	独裁者であるムガベ（2019年9月に死亡）の経済運営の失敗によりハイパーインフレが発生し、通貨制度自体が事実上の崩壊状態にある
ベネズエラ	ベネズエラ・ボリバル	独裁者であったウゴ・チャベス（2013年3月死亡）とその後継者であるニコラス・マドゥロの経済運営の失敗によりハイパーインフレが発生し、通貨制度自体が事実上の崩壊状態にある

【出所】著者調べ

一方、国連安保理制裁などで苦しむ北朝鮮の場合は、自国通貨であるはずの北朝鮮ウォンよりも、外貨である米ドルや人民元などの通貨が好まれている、といった報道を見かけることがありますが、これは自国通貨が「価値の尺度」としての機能を失いかけている証拠といえるかもしれません。そして、ハイパーインフレにより実質的に通貨制度が崩壊したジンバブエやベネズエラなどのように、自国通貨がほとんど機能を失った例もあるようです（ジンバブエの場合、一説によるとインフレ率は数兆パーセントから、数京パーセントに達したとの報道もあるようです）。

④ 決済で使われる世界3大通貨

ある通貨の使い勝手の良さを決める重要な要素のひとつが、通貨の3大機能のうち、「交換・決済」機能です。これは「モノやサービスを購入する機能」であり、所有権を移転させる効果だと言っても良いでしょう。たとえば、八百屋さんで「ダイコン1本100円」と書かれているときに、八百屋さんで「ダイコンをください」と百円玉を渡せば、そのダイコンの所有権が自分に移ります。これが「決済」（settlement）機能です。

この点、日本円という通貨は「決済手段」として非常に信頼度が高く、少なくとも日本国内において、店で買い物をするときやレストランで食事をする際に、「日本円という通貨を受け付けてもらえない」ということは、まず発生しません。それに、日本は貿易依存度も低く、「日本円」という自国通貨だけで多くの経済活動が完結しているため、日常生活を営むうえで、ほとんどの人は為替変動を気にしていません。また、日本円の通用度は非常に高く、東京の金融市場では多くの国の企業や銀行などが資金調達をしていますし、国際決済銀行の調査によれば、日本円の銀行間外為市場における取引シェアは全通貨で3位だそうです（図表④）。

しかし、世界に存在するすべての通貨が日本円並みに信頼されている、というものでは

外国為替市場の実力者は「米ドル、ユーロ、日本円」

■図表④　OTC外為市場通貨ペア比率（%）

順位	通貨	2013年	2016年	2019年
1位	**米ドル**	**87.04**	**87.58**	**88.30**
2	**ユーロ**	**33.41**	**31.39**	**32.28**
3	**日本円**	**23.05**	**21.62**	**16.81**
4	英ポンド	11.82	12.80	12.79
5	豪ドル	8.64	6.88	6.77
6	加ドル	4.56	5.14	5.03
7	スイスフラン	5.16	4.80	4.96
8	人民元	2.23	3.99	4.32
9	香港ドル	1.45	1.73	3.53
10	NZドル	1.96	2.05	2.07
11	スウェーデン・クローネ	1.76	2.22	2.03
12	韓国ウォン	1.20	1.65	2.00
13	シンガポールドル	1.40	1.81	1.81
14	ノルウェー・クローネ	1.44	1.67	1.80
15	メキシコ・ペソ	2.53	1.92	1.72
16	インド・ルピー	0.99	1.14	1.72
	その他	11.38	11.60	12.04
	合計	200.00	200.00	200.00

【出所】BIS "Triennial Central Bank Survey of Foreign Exchange and Over-the-counter (OTC) Derivatives Markets in 2019 (Data revised on 8 December 2019)" の "Foreign exchange turnover" より著者作成。なお、「通貨ペア」が集計されているため、合計すると100%ではなく200%となる

ありません。とくに、前節でも触れたとおり、自国の領域内ですら自国通貨が通用していない国もありますし、発展途上国などに出掛けると、街中で買い物をしたときに、その国の通貨ではなく米ドルやユーロなどの紙幣での支払いを求められることもあります。

日常の取引ですらこうなのですから、金額の大きな取引（とくに輸出入取引、国境をまたいだ債券の発行、対外直接投資などの資本取引）では、ソフト・カレンシー国は自国通貨で取引ができないケースすらあります。

とくに、国際的な商取引（たとえば貿易など）では、ソフト・カレンシー国の企業が資源国から石油や鉄鉱石を買ったり、日本から資本財・中間素材を買ったりするのに、その国の通貨で支払いをすることはあまり現実的ではありません。たいていの場合、貿易代金の決済は「ハード・カレンシー」建てで行われます。言い換えれば、ソフト・カレンシー国の企業が外国と取引をする際には、常に米ドルなどの外貨を持っておくことが求められている、ということです。当然、手元に外貨を確保するために、外貨でおカネを調達するというニーズも出てくるのです。

⑤ 外貨準備にされる円

「通貨の3大機能」という側面から見た通貨の実力という意味では、いちばん大切なのは「価値の貯蔵」という機能といえるかもしれません。というのも、この機能はどんな通貨にも備わっているものではないからです。信用がない通貨、インフレが激しい通貨などには、価値の保存機能がほとんどありません。

わかりやすい例を挙げましょう。ある人が、年を取ってリタイヤしたときに備え、現在一生懸命働いておカネを溜めていたとします。そのときに、自分の国の経済運営がメチャメチャで、通貨の価値が将来どうなるかわからないという状況だったとすれば、その人はどうするでしょうか。

おそらくこの人は、おカネを稼いだら、その都度、金塊や外貨などに交換しようとするでしょう。なぜなら、せっかく稼いだおカネの価値がゼロになってしまっては、元も子もないからです。実際、発展途上国などでは、自分の国の通貨よりも米ドルなどの国際的な通貨でお金を貯めようとする人が多いようですし、カネ持ちほど外貨で資産を持ちたがるという傾向があるようですが、考えてみたらこれも当然です。「管理通貨制度」とは、その通貨の発行国そのものに対する信頼を裏付けとして運営されている制度だからです。そ

外貨準備高はドル、ユーロ、円

■図表⑤ COFERに見る外貨準備の通貨別構成
（2019年12月末時点）

相手国	金額（米ドル）	（A）に対する構成比（％）
米ドル	6兆7457億	60.89
ユーロ	2兆2760億	20.54
日本円	6314億	5.70
英ポンド	5118億	4.62
人民元	2177億	1.96
豪ドル	1873億	1.69
加ドル	2080億	1.88
スイスフラン	170億	0.15
その他の通貨	2836億	2.56
外貨準備内訳判明分合計（A）	11兆0784億	100.00
内訳不明分（B）	7511億	―
外貨準備合計（A＋B）	11兆8295億	―

【出所】IMFのCOFERより著者作成

の国の通貨当局の金融政策運営がデタラメだったとしたら、その国の人々ですら、自国の通貨を信頼しないのは当然のことでしょう。発展途上国で買い物をすると、その国の通貨ではなく米ドルなどの外貨で支払いを求められることが多いのも、こうした理由に基づくものなのかもしれません。

では、この「価値の保存機能」という点で優れている通貨は、いったいどれなのでしょうか。それを判断するうえで参考になるのが、国際通貨基金（ＩＭＦ）が公表する「世界公式外貨準備構成」（ＣＯＦＥＲ）という統計です。これは、ＩＭＦに加盟する各国が、自国の外貨準備の残高と内訳を報告したものを、四半期に一度取りまとめて公表しているものです（ただし、ＣＯＦＥＲからわかるのはあくまでも「合計額」であり、国ごとの通貨別の内訳は明らかではありません）。

ここで、「外貨準備」とは、わかりやすくいえば、世界各国が「いざというとき」のために備えて保有している準備金のようなものです。そして、この外貨準備高の通貨別構成の合計値を見れば、間接的に「その通貨が『価値の保存手段』として、全世界の通貨当局からどれだけ信頼されているか」という尺度としても使える、というわけです。

現在、ＣＯＦＥＲでは内訳が判明しているもののうち約６割が米ドルであり、これにユーロ、日本円などが続いています。つまり、「価値の保存手段」としても、日本円の実力は世界第３位、というわけですね。

ただし、著者自身は外貨準備に占めるユーロの割合が少し高過ぎると考えています。というのも、スイスは８０００億ドル近い外貨準備を保有しているのですが、そのかなりの割合がユーロ建てであると考えられるため、スイスの外貨準備が全世界の外貨準備のユーロ建ての割合を押し上げてしまっているからです。この点を踏まえれば、スイス以外の各国の外貨準備に占める日本円の比率はもう少し高くなるのかもしれません。

⑥日本の投資総額は1100兆円

以上、日本円という通貨が世界でもかなり信頼の高いものであるという点については、「通貨の3つの基本的な機能」という点からも明らかです。もちろん、世界で最も強い通貨は米ドルなのですが、米ドル以外のハード・カレンシーのなかではユーロに次ぎ、日本円もかなり強い地位にあることは間違いありません。

こうしたなか、「日本は『国の借金』をたくさん抱えた『借金大国』だ」、などとする言説を見かけることもあるのですが、これについては冒頭の資金循環統計でも確認したとおり、「日本全体で外国に貸している金額の方が、外国から借りている金額を上回っている」という明白な事実を明らかに無視した議論だと言わざるを得ません。

そもそも論として、序章②の図表でも示したとおり、日本が海外に対して投資している金融資産の総額は、2019年12月末基準でじつに1100兆円を超えています。一方、海外勢が日本に対して投資している金額も729兆円あるのですが、これを差し引いた純資産も372兆円に達しているという事実を忘れてはなりません。

さて、この金融資産総額のうち、1100兆円少々の金額の内訳がどうなっているのかについて、金融資産ごとに集計して割合を示したものが、図表⑥です。

日本から海外へ1100兆円を超える投資

■図表⑥　日本から海外への投資（海外部門の負債）
（2019年12月末時点）

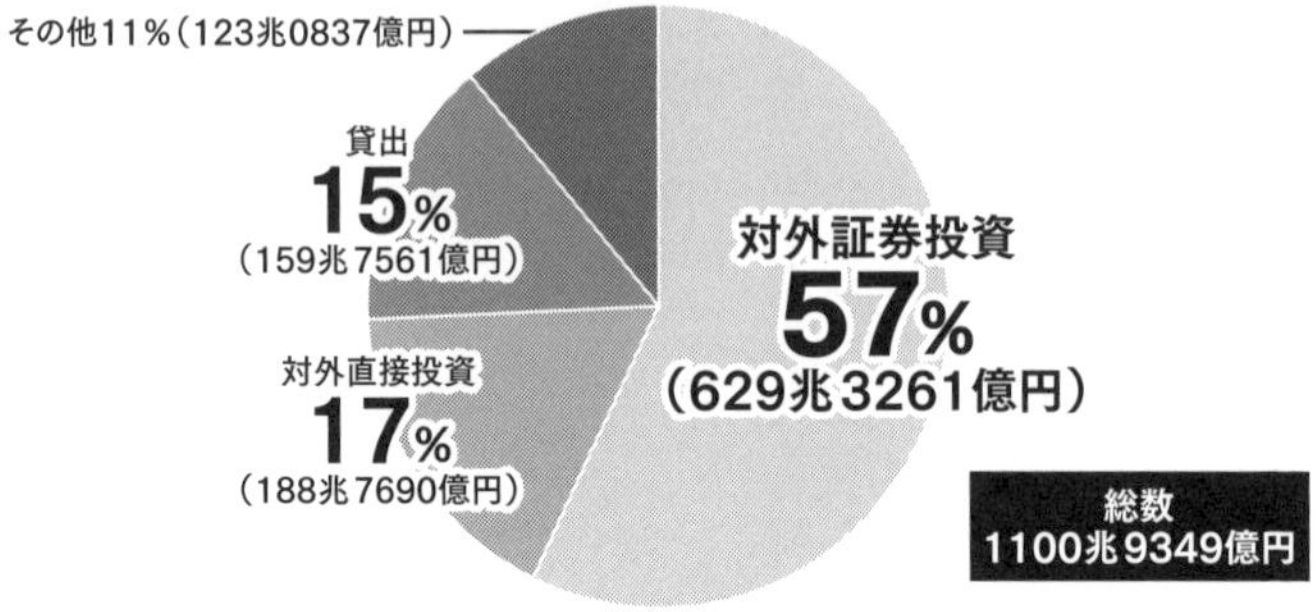

【出所】日銀『データの一括ダウンロード』のページより『資金循環統計』データを入手して加工

日銀『資金循環統計の解説』によると、「対外直接投資」とは「本邦の企業が外国企業の支配を目的に投資している株式等のこと」と定義されていますが、わかりやすい例でいえば、わが国の製造業などの企業が外国に生産拠点や販売拠点を作るために、現地に子会社を設立するような事例が考えられます。また、「対外証券投資」は、日本の金融機関、保険・年金基金、財務省・外為特会、社会保障基金などが運用目的で取得する外国の有価証券のことですが、米国債などの債券が多いようです。さらに、「貸出」とあるのは、おそらく日本の金融機関が外国の会社などに対し、証書貸付金や証券金融などの形式で貸し付けている金銭債権のことだと考えられます。

　つまり、日本の外国に対する投資内容は、ざつくりと①一般事業会社が海外に子会社を設立すること、②外為特会や機関投資家などが、運用を目的として、米国債などの外国の有価証券に投資すること、③日本の金融機関が外国の会社などに対し、証書貸付金などの形式でおカネを貸すこと、というパターンに分けられます。まさに典型的な「債権国」モデルですね。

では、これらの対外証券投資や対外直接投資、貸出などのカネは、どの国に対してどれくらい投じられているのでしょうか。新聞報道などのイメージでは、「日本は中韓などアジア諸国と密接な関係がある」という印象を抱いてしまいますが、やはりこれらの資金は中韓などにかなりの割合が流れているのかが気になるところです。しかし、この点、「日本がどの国にいくらくらいのおカネを貸しているか／投資しているか」については、資金循環統計だけでは判明しません。

そこで、以下では国際決済銀行などを含めたいくつかの組織が作成・公表している統計データなども手掛かりにしつつ、日本がどの国にいくらくらいのカネを貸しているのか、といった側面から、「世界最大の債権国・ニッポン」、「世界最大の投資国・ニッポン」の姿を浮き彫りにしていきましょう。

⑦ BIS統計で読む「世界最大の債権国・ニッポン」

まず、日銀資金循環統計のうちの「対外証券投資」と「貸出」については、2019年12月末時点において、合計するとだいたい789兆円に達します。

ただし、この「789兆円」という金額については、政府（財務省）が外貨準備で保有している金額、預金取扱機関が与信として投資している金額、機関投資家が対外証券投資などの形式で投資している金額などが含まれてしまっていますし、また、その投資先（投資相手国など）についてもよくわかりません。

しかし、これらのうちの一部分、すなわち預金取扱機関が保有している金額については、どの国にいくら投資しているのかという内訳を調べることができます。その具体的な手段が、「中央銀行の中央銀行」と呼ばれる「国際決済銀行」が公表する『国際与信統計』（CBS）です。

CBSとは、金融機関（銀行など）による国境を越えた与信活動（≒貸しているおカネの金額）について集計した統計で、各国の中央銀行・通貨当局（日本の場合は日銀）が集計をしており、最終的な数値は四半期に一度、BISが公表しています。図表⑦は、「国際与信」、つまり「ある国に本店が所在する金融機関が外国に対して貸している金額」の一

日本は世界最大の債権国

■図表⑦　国際与信・国別残高（2019年12月末、最終リスクベース）

順位	国	金額（米ドル）	世界シェア（%）
1位	**日本**	**4兆4523億**	**16.62**
2	**英国**	**3兆5931億**	**13.41**
3	**米国**	**3兆0035億**	**11.21**
4	フランス	2兆8826億	10.76
5	カナダ	2兆0703億	7.73
6	ドイツ	1兆7930億	6.69
7	スペイン	1兆8452億	6.89
8	スイス	1兆0947億	4.09
9	オランダ	1兆3184億	4.92
10	イタリア	8925億	3.33
	その他	3兆8441億	14.35
	報告国合計	26兆7897億	100.00

【出所】CBS『B2-S』より著者作成

覧です（2019年12月末時点）。これによると、BISにデータを報告している国のなかで、日本の金融機関の与信額は4兆ドルを優に超え、占める割合は16・62％に達しています。

ここで、BIS統計には「所在地ベース」と「最終リスクベース」という違いがあるのですが、「所在地ベース」とは「その銀行と直接の貸出相手がどこの国に存在しているか」という統計であり、「最終リスクベース」とは、「最終的なリスクをどの国の金融機関が取っているのか」、という統計です。たとえば日本のA銀行のニューヨーク支店がフランスのB銀行のロンドン支店におカネを貸していた場合、「所在地ベース」だと「米国の銀行が英国の銀行におカネを貸している」と集計されてしまうのですが、最終リスクベースだと「日本の銀行がフランスの銀行におカネを貸している」と集計されます。ここで、本章の目的は、「通貨から見た日本の実力」を浮き彫りにすることにあるため、以下の議論では、基本的には「最終リスクベース」の統計を使うことにします（※ただし、「所在地ベース」で判断しても日本が世界最大の債権国である事実は変わりません）。

さて、国際金融の話題を巡っては、よく「世界の金融の中心地は、ロンドンかニューヨークだ」、などといわれることがあり、「金融覇権」を巡っては英国と米国が争っている、という印象を抱く人も多いと思います。また、アジアだと最近は香港やシンガポールの地位の向上が目覚ましく、東京はこれらの都市の後塵《こうじん》を拝していて、「もう日本の時代は終わった」かのように結論付ける論調も見かけるのですが、こうした固定観念は、統計を見る限りは決して正しいとは言い切れません。なぜなら、現実には日本の金融機関は「最終リスクベース」で4兆ドルを超える巨額のカネを外国に貸しているからです。こうした事実だけを踏まえるならば、日本の金融機関こそ「世界最強」ではないかと思えてなりません。東京の金融市場としての機能の使い勝手が香港やシンガポールに負けている部分がある点については、また別の問題でしょう。

実際、このランキング表を眺めていて気付くのですが、国際金融の世界で存在感を示しているのは、5位のカナダを除けば、いずれも「大規模な金融機関」の所在国ばかりです（ちなみにカナダの場合、図表中の対外与信は2兆ドル少々ですが、詳細な統計データを確認すると、このうちの約7割は米国一国に対する与信で占められています）。逆にいえば、国際金融の世界で存在感を示している国には、いずれもそれなりの規模の金融機関が存在している、ということでもあります。

もっとも、日本が（見た目は）「世界最大の債権国」であるという状況は、必ずしも良いことではありません。なぜなら、日本の金融機関にとっては国内に貸し出す先がなく、やむを得ず外国に貸し出している、という側面があるからです。他人にカネを貸す人よりも、他人からカネを借りて、リスクを取りながら事業を大きくする人の方が儲かるのと同じで、本来ならば日本の金融機関は日本国内の産業などに対してカネを貸し出す方が、日本経済にとっては望ましいことであることは間違いありません。

つまり、日本が対外純債権国であるというのは、「日本が大金持ちの国であり、歓迎すべきことだ」、という単純な意味だと捉えるべきではないのです。

⑧日本の金融機関はどの国に貸しているのか

ＢＩＳによる国際与信統計（ＣＢＳ）を国別に展開していくと、「どこの国がどこの国に対しておカネを貸しているのか」、あるいは「どこの国がどこの国からおカネを借りているのか」、という情報を把握することができます。やはり私たち日本人が知りたいのは、なかでも「日本の金融機関がどこの国に対してカネを貸しているのか」、というデータでしょう。これについて、ＣＢＳをもとに日本の金融機関の２０１９年12月末時点における与信対象国を「最終リスクベース」で集計したものが、図表⑧です。

内訳を見ていくと、日本の金融機関は米国だけで2兆ドル近い投資を行っていることがわかります。１ドル＝１１０円と仮定すれば、米国だけで２００兆円という途方もない金額を貸し付けている計算ですね。ただし、おそらくこれは、「米国の企業におカネを貸している」という意味ではなく、邦銀などが証券金融取引（米国債などを担保とした証券貸借取引）や証券化商品などへの投資を行っているため、投資資金がかなり膨らんでいる、という側面が強いと考えられます。

その一方で目立つのは、カリブ海に浮かぶケイマン諸島です。ケイマン諸島は英国の海外領土で、美しいビーチを持つリゾート地としても知られますが、そんなケイマン諸島に

米国とケイマン諸島だけで全体の半額を占める

■図表⑧　日本の金融機関が貸している相手国
（最終リスクベース、2019年12月末）

順位	相手国	金額（米ドル）	構成比（%）
1位	米国	1兆8140億	40.74
2	ケイマン諸島	6183億	13.89
3	英国	2198億	4.94
4	フランス	2102億	4.72
5	オーストラリア	1280億	2.87
6	ドイツ	1216億	2.73
7	ルクセンブルク	995億	2.23
8	タイ	987億	2.22
9	中国	881億	1.98
10	カナダ	787億	1.77
11	シンガポール	737億	1.65
12	香港	729億	1.64
	その他	8291億	18.62
	合計	4兆4523億	100.00

【出所】日銀『BIS国際資金取引統計および国際与信統計の日本分集計結果』より著者作成。なお、「最終リスクベース」にはデリバティブ、支払承諾、コミット未履行額を含まない

日本の金融機関が6000億ドル（66兆円）を超えるカネを貸しているというのは不思議議です。まさか、66兆円ものおカネをかけて、ケイマン諸島に巨大な遊園地でも建設しているのかと思ってしまうかもしれません。

ただ、これにはきちんとしたからくりがあります。

ケイマン諸島は有名な「タックスヘイブン」（租税回避地）であり、さまざまな金融商品を組成するのに税制上の使い勝手が良く、投資資金が集まりやすい、とい

う事情があるのです。

著者の推理によれば、日銀の量的質的緩和（QQE）の影響で、日本国内で完全に低金利状況が定着してしまったため、運用商品に困った日本の機関投資家が投資対象商品を求めているなかで、ケイマン諸島を使った投資スキームが増えている、という側面があると考えています。具体的には、ケイマン諸島に特別目的会社（SPC）などを設立し、そのSPCにおカネを貸し、そのSPCが担保債を買い、デリバティブ契約などを締結するといった投資スキームが、わが国の金融商品会計基準、バーゼル規制、税制などのさまざまなルールに照らして非常に使い勝手が良いのです。そして、金融機関を含めた本邦の機関投資家が投資できるようなさまざまな金融商品がケイマン諸島を通じて組成されているため、形のうえでは、日本の金融機関がこれらの金融商品に投資している、というだけのことでしょう。当然、これらの金融商品の最終的な投資地は、おそらくケイマン諸島ではなく、ケイマン諸島からさらに第三国へと投資されているはずでしょう（もっとも、「ケイマン諸島からの投資」というデータはBISの統計には存在しないため、このあたりの正確な推計は困難ですが…）。

さらに、このBISの統計を眺めていると、もうひとつ、興味深いことに気付きます。それは、日本の金融機関の与信先については、少なくとも上位10ヵ国のうちアジア諸国はタイと中国しか存在せず、それ以外はいずれも非アジア諸国（欧米、豪州など）である、という事実です。よく新聞が「多くの日本企業が中国に進出しており、日本はアジア、とりわけ中国とのつながりが強い」などと書きたてるので、私たち一般読者はおもわず「金融面でもアジアとの関係が強いのか」と条件反射的に思い込んでしまいがちですが、実際のデータからはそうではないということがわかるでしょう。

ちなみにこのＢＩＳ統計をもとに、同じ基準で「日本の金融機関の与信相手国」上位20位までのなかからアジア諸国（オフショア含む）をリストアップすると、8位にタイ（987億ドル）、9位に中国（881億ドル）、11位にシンガポール（737億ドル）、12位に香港（729億ドル）、14位に韓国（543億ドル）が来ます。近隣国である中国や韓国よりも、少し離れたタイに対する与信の方が大きいというのも意外ですが、日本の対外与信全体に対し、中国は2％弱、韓国は1％少々のシェアしか占めていないというのも、興味深い点ですね。

いずれにせよ、あくまでも統計上のデータから判断する限りは、日本の金融機関はアジア諸国とさほど密接な関係を構築しているわけではないと考えて良いでしょう。

⑨日本企業にとってはアジアより米欧が重要

以上、ＢＩＳの国際与信統計から判明する国際与信の額（つまり、対外証券投資と貸出のうち預金取扱機関の保有部分）は非常に巨額だという事実がわかるのですが、先ほどの「日本から海外への投資残高は１１００兆円あまりに達している」という話題でも触れたとおり、「対外直接投資」（日本企業の子会社等に対する投資持分）の額も、１９０兆円近くに達しています。これについて、ジェトロのデータをもとに国別に集計し、全体の割合を示したものが、図表⑨です。

図表はドル表示であり、かつ、２０１８年末時点のデータであるため、図表⑥で示した「２０１９年12月末時点の対外直接投資の額」とは、厳密にぴったりと一致するわけではありません。ただ、「株式会社ニッポン」の投資先に関するだいたいの内訳を見るうえでは、この図表でも十分でしょう。

さて、１・６兆ドルという対外直接投資残高についてもすごい金額ですが、驚くのはその相手国別内訳です。最大の投資相手国が米国で、金額にして５０００億ドル少々であり、米国一国だけで日本の対外直接投資全体の30％を超えているからです。それだけ「株式会社ニッポン」にとって、米国が重要な投資対象国である、という点をうかがい知るこ

日本企業にとって米欧の重要性が高い

■図表⑨　対外直接投資残高の主要国別内訳

順位	国	金額（米ドル）	構成比（%）
1位	米国	5039億	30.62
2	英国	1635億	9.93
3	オランダ	1328億	8.07
4	中国	1238億	7.52
5	シンガポール	785億	4.77
6	タイ	690億	4.19
7	オーストラリア	668億	4.06
8	ケイマン諸島	470億	2.86
9	韓国	391億	2.38
10	香港	330億	2.01
	その他	3884億	23.60
	合計	1兆6459億	100.00

【出所】ジェトロ『直接投資統計』より著者作成

とができると思います。

また、2位が英国、3位がオランダ、と、投資相手先の上位にはいずれも欧米諸国が来たうえで、やっと4位になって、中国がランクインします。これによると、「株式会社ニッポン」の中国に対する対外直接投資残高は1238億ドルであり、日本の対外直接投資全体の8％弱を占めてはいるのですが、これを多いと見るか、少ないと見るかは微妙なところです。中国は日本にとって地理的に近い国であり、また、各メディアは「中国は日本にとって非常に重要な相手国」などとしきりに報じているからです。

中国は1990年代に「改革・開放」路線に舵を切って以来、「世界の工場」として急激な経済成長を遂げ、名目GDPでも日本を抜き去り世界第2位に浮上している経済大国ですし、なおかつ日本の隣国でもあります。そんな中国に対し、日本は1238億ドルしか投資していないというのは、意外な気がします。

同様に、隣国である韓国に対する直接投資額は391億ドルであり、投資額は9位で、金額割合では「株式会社ニッポン」の対外直接投資全体の2%少々に過ぎません。しかも、同じアジアでもシンガポールやタイよりも投資額が少ないのです。もちろん、香港などのオフショアを経由した中韓などへの投資もあるのかもしれませんが、香港に対する直接投資額自体も大して大きいとはいえないため、金額的にはたかが知れています。

つまり、対外直接投資のデータを読む限りは、日本と近隣国の関係は、メディアなどが報じるほどは深くない、ということです。詳しくは「近隣国と日本」の章に譲りますが、少なくとも投資や与信の世界（つまり「カネの流れ」から見た関係）に関していえば、日本と中韓との関係が金額的重要性を持つとは限らないという点については、認識しておいてよいでしょう。

⑩ 日本は世界を支える金融協力大国

日本の通貨・円は、通貨の3大機能、とくに「交換・決済」、「価値の貯蔵」という点から非常に優れた通貨であること、日本の金融機関は全世界に対し巨額の投融資を実行しているということ、日本企業は全世界に対して巨額の投資を行っていること、といった状況を踏まえるならば、日本は世界に冠たる金融大国であるというのは間違いありません。

こうしたなか、日本は世界に対する金融協力大国でもあります。これを理解するキーワードのひとつが、国際金融協力の世界でいう「二国間通貨スワップ」です。本書でいう「通貨スワップ」とは、「通貨当局同士が通貨を融通し合う協定」のことです（企業会計やデリバティブに詳しい方なら、「通貨・ベーシススワップ」を思い浮かべる方もいらっしゃるかもしれませんが、本書でいう「通貨スワップ」は、こちらの意味合いではありません）。

先ほどの「ハード・カレンシー」、「ソフト・カレンシー」の議論を思い出してください。米ドル、ユーロ、日本円といったハード・カレンシーは、その発行国・地域だけでなく、世界中の外為市場で広く使われていて、外貨準備にも組み入れられているなど、世界でも非常に信頼されている通貨です。これに対し、何度も国債をデフォルトさせているアルゼンチンのように、「信頼されている」とは言い難い通貨もあります。そして、いった

「ドル建て通貨スワップ」は日本の強み

■図表⑩　日本が外国と締結する通貨スワップ

契約相手	交換上限	交換条件
インドネシア銀行(BI)	227.6億ドル	日本円または米ドルとインドネシアルピア
フィリピン中央銀行(BSP)	120億ドル	日本円または米ドルとフィリピンペソ
シンガポール通貨庁(MAS)	30億ドル	日本円または米ドルとシンガポールドル
タイ中央銀行(BOT)	30億ドル	日本円または米ドルとタイバーツ
インド準備銀行(RBI)	750億ドル	米ドルとインドルピー

【出所】日本銀行『海外中銀との協力』などを参考に著者作成。なお、「交換条件」の欄は、相手国が日本から通貨を引き出すときの条件。

ん通貨危機が始まると、その国の通貨が外為市場で暴落し始め、外国の金融機関がその国から融資を引き揚げ始める、ということも発生します（過去に発生した金融危機の具体例については第3章でも紹介します）。このようなときに、日本のように通貨ポジションが強い国が、通貨ポジションの弱い国に対し、相手国通貨を担保に受け入れることで米ドルや日本円などのハード・カレンシーを渡すというのが、通貨スワップの基本的な発想です。

日本が現在、外国に対して提供している二国間通貨スワップの一覧が図表⑩です。インドに対して750億ドルという巨額のスワップを提供しているほか、ASEANのうちの4ヵ国に対しては、日本円での引き出しも可能とする協定を提供しています。

⑪ いろんな種類がある通貨スワップ

前節で確認したとおり、国際金融協力の世界でいう通貨スワップには、通貨ポジションが強い国（たとえば日本）が、通貨ポジションが弱い国（たとえばインド）を「国としての外貨資金繰り」で支援するという側面があります。ただ、日本が提供している5つの通貨スワップの場合、相手国が提供する通貨は相手国通貨ですが、日本が提供する通貨は基本的に米ドルです（インド以外の4ヵ国については相手国が日本円で引き出すことも可能ですが…）。じつは、この「米ドルを提供するタイプの通貨スワップ」は、非常に珍しい協定です。

実際、世のなかに存在している通貨スワップを分類してみると、ほとんどの場合は「自国通貨（ローカル）同士を交換する協定」であり、稀に米ドルを融通し合う協定もあるのですが、これは「二国間」ではなく「多国間」の通貨スワップです。こうした違いを図表にしたものが、図表⑪です。

まず、「二国間の基軸通貨建ての通貨スワップ」は、英語表現を取って「BSA」と略すこともあるようですが、日本が提供しているBSAは、いずれも相手国が自国通貨を担保に差し入れることを通じて、米ドルないし日本円という国際的に広く通用するハード・

いちばん貴重なスワップは「米ドル建ての通貨スワップ」

■図表⑪　通貨スワップの種類

区分	英語表現	特徴
二国間の基軸通貨建ての通貨スワップ	Bilateral currency Swap Agreement を略して「BSA」と呼ぶことがある	A国とB国の通貨当局同士が外貨準備などから基軸通貨を融通し合う協定。日本が提供しているスワップがこのタイプ。
二国間のローカル通貨建ての通貨スワップ	Bilateral Local Currency Swap Agreement を略して「BLCSA」と略すことがある	A国とB国の通貨当局同士がお互いの通貨を融通し合う協定
多国間の通貨スワップ	英訳すれば Multilateral Currensy Swap Agreement あるいは「MSA」だが、実際には「MSA」などの表現ではなく「CMIM」などの具体的スキームの表現が用いられる	多国間が参加する、国際的なハード・カレンシー（とくに基軸通貨である米ドル）を融通し合う協定

【出所】著者作成

カレンシーでの引き出しが可能なものであるため、相手国にとっては非常にありがたいスワップでもあります。というのも、通貨危機に陥った際、相手国が通貨防衛をするにせよ、自国の金融機関や企業に外貨を提供するにせよ、自国通貨を担保に差し出すことと引き換えに、国際的に広く通用する通貨を手に入れることができるからです。

しかし、現時点において世界に存在している通貨スワップの多くは「二国間のローカル通貨建ての通貨スワップ」、つまり「BLCSA」です。一般に「ローカル通貨」とは「通貨スワップを締結する当事国同士の通貨」という意味で使われることが多いのですが、このBLCSAを外交手段として活用している国の典型例が中国でしょう。著者の調べでは中国は現時点において、少なくとも世界の15ヵ国とスワップを結んでいるようなのですが、いずれも交換条件は「中国の通貨である人民元と相手国の通貨」であり、「米ドルとのスワップ」（つまり中国が外貨準備で保有していると自称している米ドルを相手国に渡すというスワップ）ではありません。人民元自体が国際的にはソフト・カレンシーであることから、このようなスワップを提供されたとしても、相手国としては、あまり使い勝手が良いようには思えません（ただし、「日中為替スワップ」については、ある重要な目的があるのですが、これについては次節で説明します）。

また、通貨スワップにはこうした「BSA」、「BLCSA」以外にも、「多国間のスワップ協定」という仕組みがあり、その典型例が、アジア諸国（ASEAN10ヵ国＋日中韓＋香港）が参加する「チェンマイ・イニシアティブ・マルチ化協定（CMIM）」という仕組みです。これは、「二国間の通貨スワップ」ではなく、「多国間が同時に参加するスワップ協定」ですが、CMIMの場合、資金を引き出すためにはさまざまな制限もあります。こうした制限の典型例は、「各国が上限額の30％を超えて引き出そうとすれば、IMFが介入してくる」という、いわゆる「IMFデリンク条項」です。過去にIMFの支援を受けたことがトラウマのようになっている国が、簡単にCMIMに手を出し辛いのも、「二国間通貨スワップ」と比べたときの使い勝手の悪さにあるのかもしれません。

⑫ 金融大国ならではの為替スワップ

日本は通貨ポジションが世界最強クラスの国です。なぜなら、使用している通貨・日本円自体が国際的に広く通用するハード・カレンシーであるという点に加え、日本には140兆円前後の外貨準備があるからです。

ただし、いかに「金融大国」であったとしても、世界の為替市場が逼迫《ひっぱく》した場合には、特定の通貨の資金繰りが付かなくなるというケースもあります（とくに米ドル）。一般に、日銀は日本円を好きなだけ発行することができますが、さすがに米ドルを発行することはできません（米国外で米ドル紙幣を印刷することができる設備を持っている国は北朝鮮くらいなものでしょう）。このような場合に、その「資金繰りが付かない通貨」を相手国の通貨当局から借りて来て、自国の金融機関に直接融資してあげる仕組みのことを、一般に「為替スワップ」と呼びます。

この点、日本は現在、9ヵ国・地域の中央銀行との間で為替スワップを締結しています。これを一覧にしたものが図表⑫です。つまり、日本の場合、自国の金融機関が流動性不足（資金不足）に陥っていると判断した場合、これらの9ヵ国に対し、日本円と引き換えに相手国の通貨を貸してくれと要請することができるのです。

日本は為替スワップの世界でも存在感示す

■図表⑫　日本が外国と締結する為替スワップ

契約相手	交換上限	交換条件
米連邦準備制度理事会（FRB）	無制限	日本円と米ドル
欧州中央銀行（ECB）	無制限	日本円とユーロ
英イングランド銀行（BOE）	無制限	日本円と英ポンド
スイス国民銀行（SNB）	無制限	日本円とスイスフラン
カナダ銀行（BOC）	無制限	日本円と加ドル
豪州準備銀行（RBA）	1.6兆円／200億豪ドル	日本円と豪ドル
中国人民銀行（PBOC）	3.4兆円／2000億元	日本円と人民元
シンガポール通貨庁（MAS）	1.1兆円／150億シンガポールドル	日本円とシンガポールドル
タイ中央銀行（BOT）	8000億円／2400億バーツ	日本円とタイバーツ

【出所】日本銀行『海外中銀との協力』などを参考に著者作成

そして、この為替スワップは、基本的に金融大国同士で大きな威力を発揮します。とくに、日本、米国、欧州、英国、スイス、カナダの6ヵ国・地域の中央銀行は、相互に常設型かつ金額上限のない為替スワップ協定を締結しています。また、次節で触れるとおり、昨今のコロナ禍に際し、日本の金融機関は日銀を経由して米連邦準備制度理事会（FRB）から巨額の米ドル資金を借り入れています。

また、日本はこれら5ヵ国以外とも、金額上限つきで為替スワップ協定を結んでいるのですが、その相手国は、いずれも金融面での結びつきがある国と考えて良いでしょう。たとえばオーストラリアの場合は日本国内でも機関投資家の投資対象通貨として人気が高い豪ドルの発行国ですし、シンガポールはアジアの金融センターで、タイは日本の金融機関が現地銀行を買収するなどのつながりがあります。

こうしたなか、注目に値するのが、中国との為替スワップです（なお、日中為替スワップを「日中通貨スワップ」と呼ぶメディアもありますが、これは間違いです。日中間に通貨スワップは存在しません）。私見ですが、日本が中国と為替スワップを結んでいる理由は、「中国が通貨危機に陥った際に日本が中国を助けるため」ではありません。本邦金融機関が、中国本土で「パンダ債」と呼ばれる人民元建て債券などを発行して資金調達を行っているからです。中国本土の資本市場は未成熟であり、いざというときに資金繰りがつかなくなって、債務不履行（いわゆるテクニカル・デフォルト）を起こす可能性があることを考えると、こうした本邦金融機関の行動は正気の沙汰《さた》とは思えません。万が一、メガバンクがテクニカル・デフォルトを発生させたときには、定義上はＣＤＳ（クレジット・デフォルト・スワップ）の信用事由に該当してしまいかねません。要するに、日本を代表する銀行が「デフォルト」したということになるのです。そうなれば、日本の金融システム全体が深刻な打撃を受けることにもつながりかねません。大げさな言い方をすれば、中国の資本市場と日本の一部の銀行が、日本の金融システムそのものを人質に取っている状態なのです。このように考えると、日銀が中国人民銀行との間で締結する3・4兆円の為替スワップは、邦銀のテクニカル・デフォルトを防ぐためにあると考えるべきでしょう。

⑬コロナ禍の世界を救う米国の為替スワップ

２０２０年といえば、武漢コロナウイルスが世界を席巻していますが、こうした状況を受け、３月には世界の金融市場でドル資金の逼迫が生じました。これを受けて、米国の中央銀行にあたる連邦準備制度理事会（ＦＲＢ）は現地時間の３月19日、世界の９つの中央銀行・通貨当局と、少なくとも半年以上の期間で為替スワップを締結すると発表しました。ＦＲＢはすでに日本、欧州、英国、スイス、カナダの５ヵ国・地域の中央銀行と期間・金額無制限の為替スワップを締結しているため、都合、14ヵ国・地域と為替スワップを締結した格好です。本書執筆時点において、米国が為替スワップを締結している相手国・地域は、次のとおりです。

●期間、金額無制限…日本、欧州、英国、スイス、カナダの５ヵ国・地域
●期間半年以上、金額上限６００億ドル…豪州、ブラジル、韓国、メキシコ、シンガポール、スウェーデン
●期間半年以上、金額上限３００億ドル…デンマーク、ノルウェー、ニュージーランド

このスワップはあくまでも「為替スワップ」です。つまり、ＦＲＢが相手国・地域の中央銀行等から相手国の通貨を担保に取ることと引き換えに、相手国・地域の中央銀行等を経由して民間金融機関に直接、資金を貸し出す、という仕組みです。「通貨スワップ」ではないため、中央銀行・通貨当局が直接、米ドルを手に入れて通貨防衛に使う、という「通貨スワップ」的な使い方はできません。しかし、実際に金融危機や通貨危機が発生する場合、たいていの場合は民間金融機関などが外貨不足（とくにドル資金不足）に陥るため、今回の米国による為替スワップは、コロナショックによるドル資金不足を解消するための手段としては、非常に有効であったことは間違いないでしょう。

ただし、本書執筆時点において手に入る最新データを集計すると、現時点でこの為替スワップを最も有効に活用しているのは、意外なことに、日本です。図表⑬は14中銀・通貨当局の6月4日時点での借入額を著者が集計したものですが、約４５００億ドルのうち半額を日銀が、約3割を欧州中央銀行が借り入れています。おそらくその理由は、日欧で米ドル資金不足が生じているからではありません。単純に「中央銀行為替スワップ」の金利が低く、また、期間も1週間物や3ヵ月物があるなど、民間金融機関にとっては非常に有利で使い勝手の良い資金調達手段となっているためでしょう。

ただし、邦銀勢がＦＲＢからの為替スワップでドル資金を調達し、その資金で米国債な

借入額トップは日本銀行、ついで欧州中央銀行

■図表⑬　米FRBの為替スワップの引出額

相手先	元本（米ドル）と構成比（%）	平均金利（%）・日数（日）
日本銀行	2221.58億（49.7）	0.34／82.95
欧州中央銀行	1449.76億（32.4）	0.36／83.93
イングランド銀行	231.25億（5.2）	0.35／75.68
韓国銀行	187.87億（4.2）	0.62／83.89
スイス国民銀行	108.98億（2.4）	0.33／83.62
シンガポール通貨庁	95.71億（2.1）	0.50／82.55
メキシコ銀行	65.90億（1.5）	0.77／84.00
ノルウェー銀行	54.00億（1.2）	0.34／84.00
デンマーク国民銀行	42.90億（1.0）	0.34／82.36
豪州準備銀行	11.70億（0.3）	0.32／84.00
カナダ銀行	なし（0.0）	―
NZ準備銀行	なし（0.0）	―
リクスバンク（スウェーデン）	なし（0.0）	―
ブラジル銀行	なし（0.0）	―
合計／平均	4469.65億（100.0）	0.37／82.96

【出所】米連邦準備制度理事会（FRB）ウェブサイト資料をもとに著者作成

どの米国内の有価証券を旺盛に買っているという状況は、考えようによっては現在の日米関係を象徴するような状況でもあります。というのも、日本の機関投資家が米国債などの外国証券を買わざるを得ない理由は、日本国内に利回りの良い投資が存在しないからであり、結局は「誰もカネを借りてくれない」という事情にたどり着きますし、こうした状況は、日本政府がもっと巨額の国債を発行するなどしない限りは続くでしょう。

そして、結果的に米国が提供する為替スワップが邦銀にとっ

ての米国債投資などを助けているのだとしたら、非常に皮肉なことですが、結果的に日米為替スワップは「日本のため」ではなく、「米国のため」のスワップでもあります。なぜなら、このスワップを通じて日本の銀行等の機関投資家に米国債の投資余力が高まっているからであり、経済効果としては、日銀が日本円をＦＲＢに担保に入れることで、結果的に米国債の発行余力が高まっている、という言い方ができるのかもしれません。

第3章

中国と韓国がなくても日本は大丈夫

メディアの報道を眺めていると、中国や韓国を巡っては、しばしば「大事な隣国であり、切っても切れない関係にある」、などとする主張を目にします。こうした指摘は正しいのでしょうか。この点、統計データをもとに、冷静に事実関係を調べていくと、少し違った姿が見えてきます。たしかに日本と近隣国の「現在の」関係は重要なのですが、それはむしろ彼らの側から日本との関係を強化しているという側面がありそうです。

① 数字で見た国際関係の重要性

政治的・外交的には、最近、日本と近隣国の関係がギクシャクしているという話題を日にすることは多く、とりわけ日韓関係の悪化が目立ちます。ただ、これに経済が絡むと、冷静な論調は姿を消し、「とにかく日韓関係は大事だから、日韓両国は政治的な争いをなんとか乗り越え、和解しなければならない」、といった説を唱える人が多いような気がしてなりません。平たく言えば、「カネの関係が大事だから、政治的には韓国に対して譲歩しようよ」、という発想ですね。

このロジックが正しいのかどうかという判断はとりあえず置いておくとして、そもそも論として、「日韓関係は経済的に重要な関係である」という命題は正しいのでしょうか。じつは、これについても「日韓関係の実際のところ」を判断するうえで、数値化できる部分は数値化することがとても大事です。

そもそも日韓の経済的関係は重要なのかどうかを判断するうえで欠かせない材料のひとつが、「数字」です。とくに経済活動の要素は「ヒト、モノ、カネ」だといわれますが、この3つの要素を手掛かりにして、実際に日韓関係の重要性を調べてみたものが、図表①であり、具体的には、「ヒトの往来」（日韓双方の入国者数：①～③）、「モノの往来」（日韓

日韓双方の重要性は高いのか、低いのか

■図表①　ヒト、モノ、カネから見た日韓関係

区分	実際の数値	全体に占める重要性
①日本に入国した韓国人（2019年）	558万4638人	訪日外国人全体（3188万人）の約18%
②韓国に入国した日本人（2019年）	327万1706人	訪韓外国人全体（1750万人）の約19%
③2019年における日韓の往来（①＋②）	885万6344人	—
④日本から韓国への輸出高（2019年）	5兆0442億1045万円	日本の輸出高全体（76兆9273億0692万円）の6.6%
⑤日本の韓国からの輸入高（2019年）	3兆2291億6219万円	日本の輸入高全体（78兆5713億5157万円）の4.1%
⑥韓国から日本への輸出高（2019年）	284億2021万ドル	韓国の輸出高全体（5422億3261万ドル）の5%
⑦韓国の日本からの輸入高（2019年）	475億8085万ドル	韓国の輸入高全体（5033億4295万ドル）の9.5%
⑧日本の金融機関の対外与信（最終リスクベース、2019年9月）	540億ドル	日本の対外与信総額（4兆5494億ドル）の1.19%
⑨韓国が国を挙げて日本の金融機関から借りている金額（最終リスクベース、2019年9月）	540億ドル	韓国の対外債務全体（3298億ドル）の16.37%
⑩日本の対外直接投資（2018年）	391億ドル	日本の対外投資全体（1兆6459億ドル）の2.38%

（【出所】①は日本政府観光局（JNTO）データ、②は韓国観光公社データ、④〜⑤は財務省『普通貿易統計』、⑥〜⑦は韓国銀行データ、⑧〜⑨は国際決済銀行（BIS）『対外与信統計』、⑩はJETRO『直接投資統計』より、それぞれ著者作成

の貿易額：④～⑦)、「カネの往来」(国際的な与信：⑧～⑨と対外直接投資：⑩) をもとに、それぞれの実数と日本全体、あるいは韓国全体に対する割合を示したものです。

このうち「人的往来」に関しては、2018年には日韓の人的交流が史上初めて1000万人を超えましたが、2019年に関しては「ノージャパン運動」の影響もあり、日本を訪れた韓国人の総数が激減しました。2020年に関してはおそらく武漢コロナウイルス騒動の影響もあり、人的往来はさらに減少するでしょう。また、モノという面からは、たしかに産業面での結びつきは強いものの、両国の貿易額は、日本から見れば輸出入額全体の4～6％程度であり、「隣国同士」としてみれば、希薄であるという印象を抱かざるを得ません。さらに、「カネ」という側面では、日本から韓国への与信や投資は、いずれも全体に対する1～2％台を占めるに過ぎません。

もちろん、日韓両国は産業面でのサプライチェーンを通じた結びつきも深く、近年、日韓関係の重要性が上昇傾向にあることは事実であり、現時点の数字だけですべてを測定することができるわけではありませんが、それでも、数字のうえでは日本にとって韓国が「死活的に重要」とまでは言いきれない点は注意しておいて良いでしょう。

②コロナで激減した日韓の人の移動

「ヒト、モノ、カネ」のうち、「ヒトのつながり」の深さを判断するうえで参考になる統計は、ふたつあります。ひとつ目が観光統計などで見る「人的往来」、ふたつ目が定住者に関する「永住者・長期滞在者」です。

まずは、統計データをもとに「人的往来」について確認していきたいのですが、その前提として、「人的往来」を確かめる際には、ひとつの注意点があります。それは、「日本人がどこの国に渡航したか」という統計は、日本政府には存在しない、という点です。海外旅行に行かれたことがある方ならご存知だと思いますが、日本では出国する際に行き先を申告する必要はありません。言い換えれば、日本政府としては、出国する国民がどの国に行こうとしているかについて、把握する手段がないのです。したがって、たとえば「韓国に渡航した日本人」の人数については、韓国側のデータでチェックするしかありません。

そして、著者は以前、「日中韓3ヵ国」の往来についてのデータを集めていた時期もあるのですが、中国当局がこのデータの公表をやめてしまったらしく、現時点では日韓両国の観光統計しか手に入りません。以上の前提を置いたうえで、まずは日韓両国の「人的往来」について確認してみたいと思います。

図表②は、日韓両国の観光当局が発表する入国者統計をもとに、日韓の相互往来がどう推移して来たかについて示したものです。日韓双方のデータが存在する2003年以降でみると、日韓の相互往来は曲折はあるものの、2019年までは順調に増加して来たことがわかります。合計して326万人だった2003年を除けば、どの年においても日韓往来は400万人を超えており、日本で「韓流」がブームになった2010年には史上初めて500万人台を突破。東日本大震災が発生した2011年にいったんは500万人を割り込んだものの、その後は増え続け、とくに安倍政権発足後の「ビジットジャパン」キャンペーンの影響もあり、2016年に700万人、2017年に900万人、そして2018年に1000万人の大台を突破したのです。

ただ、その内訳をみると、日韓双方で往来が等しく伸びたわけではありません。韓国を訪れる日本人は2004年から2019年の期間、多少の変動はあったものの、毎年おおむね200~300万人台で推移し、多いときでも2012年の352万人に過ぎませんでした（2015年に200万人を割り込んだのは、韓国における中東呼吸器症候群蔓延《まんえん》が理由と考えられます）。しかし、日本を訪れる韓国人は2015年以降大きく伸び、2015年に400万人台、2016年に500万人台、2017年に700万人台に達し、2018年にはついに754万人と過去最多を記録します。以上より、日韓の往来が1000

日韓往来「1000万人時代」はほんの一瞬で終了

■図表②　日韓の往来

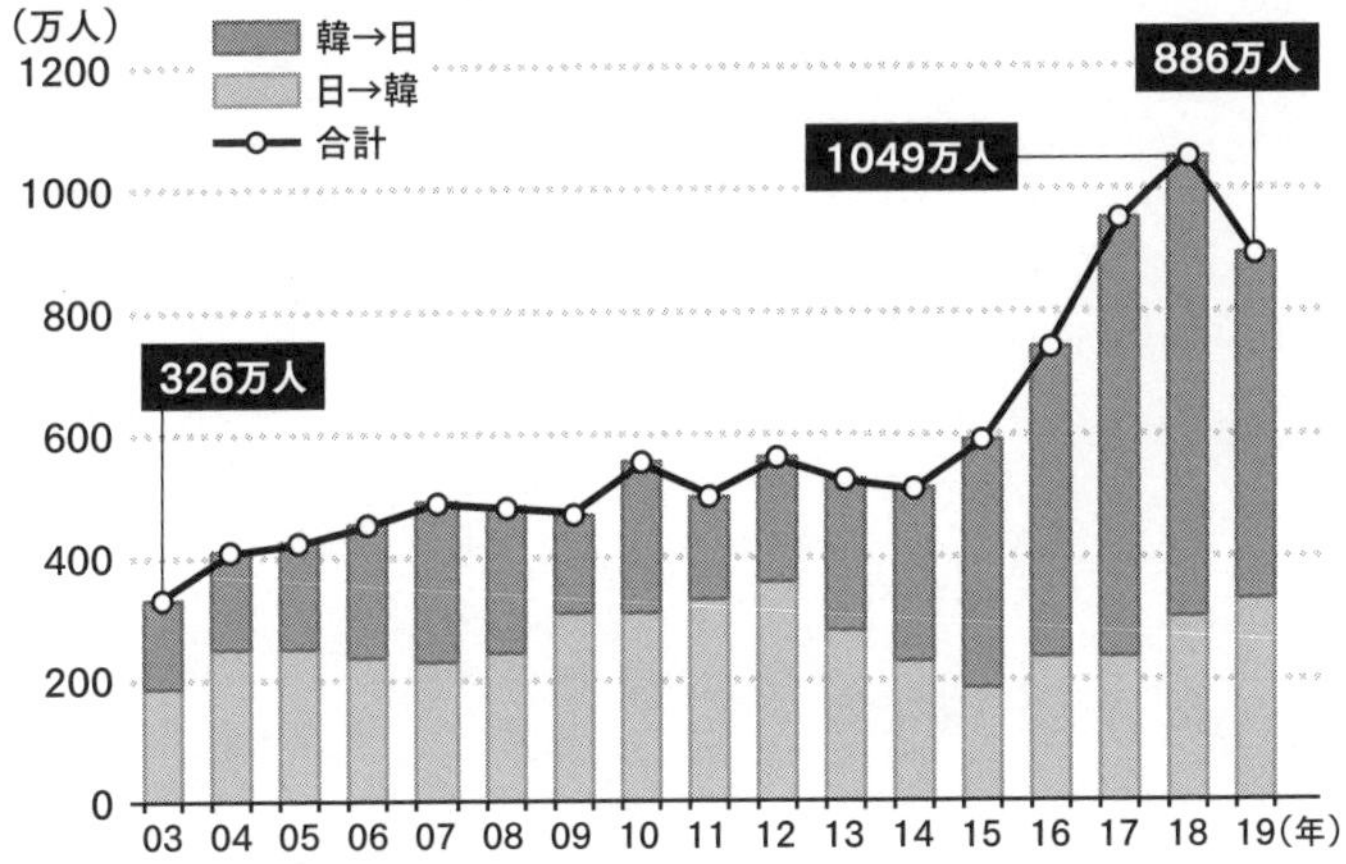

【出所】日本政府観光局（JNTO）データ、韓国観光公社データより著者作成

万人の大台に乗せた最大の要因が、韓国側の旺盛な訪日需要によるものだったことは明らかでしょう。

もっとも、2019年には、日本政府が7月に発表した輸出管理厳格化・適正化措置を受けた「ノージャパン」運動の影響もあり、訪日韓国人は一気に500万人台に後退。結果として日韓両国の往来は900万人を割り込み、886万人となりました。そして、2020年はコロナウイルス蔓延の影響による入国制限措置もあり、これがさらに激減することは確実でしょう。

③「観光立国」の問題点

日韓両国の「ヒトの流れ」について確認したついでに、現在の日本の観光行政における問題点についても考察しておきましょう。2019年を通じた訪日外国人数は3188万人を記録しました。これは前年の3119万人を上回り、史上最多です。一般論として、外国人観光客が日本に来てくれるようになれば、地域振興・産業振興にもつながりますし、また、多くの外国人が日本にやって来て「日本のファン」になってくれれば、そのこと自体が日本の国際的イメージを良くしてくれますので、人数だけを見れば、訪日外国人が増えることは歓迎すべき話です。

ただ、日本のインバウンド観光については、非常に大きな問題点があります。というのも、入国者の半数が中韓両国で占められてしまっているからです。とくに、2019年は中国人だけで1000万人近くが入国し、訪日外国人全体の約3割に達しています。また、2位の韓国は600万人弱が入国し、入国者全体の2割弱を占めています。これは、考えてみれば非常に困った状況です。とくに、「目標人数」が独り歩きしてしまえば、そのことで「その国を怒らせたら観光客が減って困るから、その国に対しては言うべきことが言えなくなる」、というリスクも生じます。前節で確認したとおり、「ノージャパン」の

コロナ以前の入国者：中国が3割占める

■図表③　2019年1月〜2019年12月の入国者数と割合

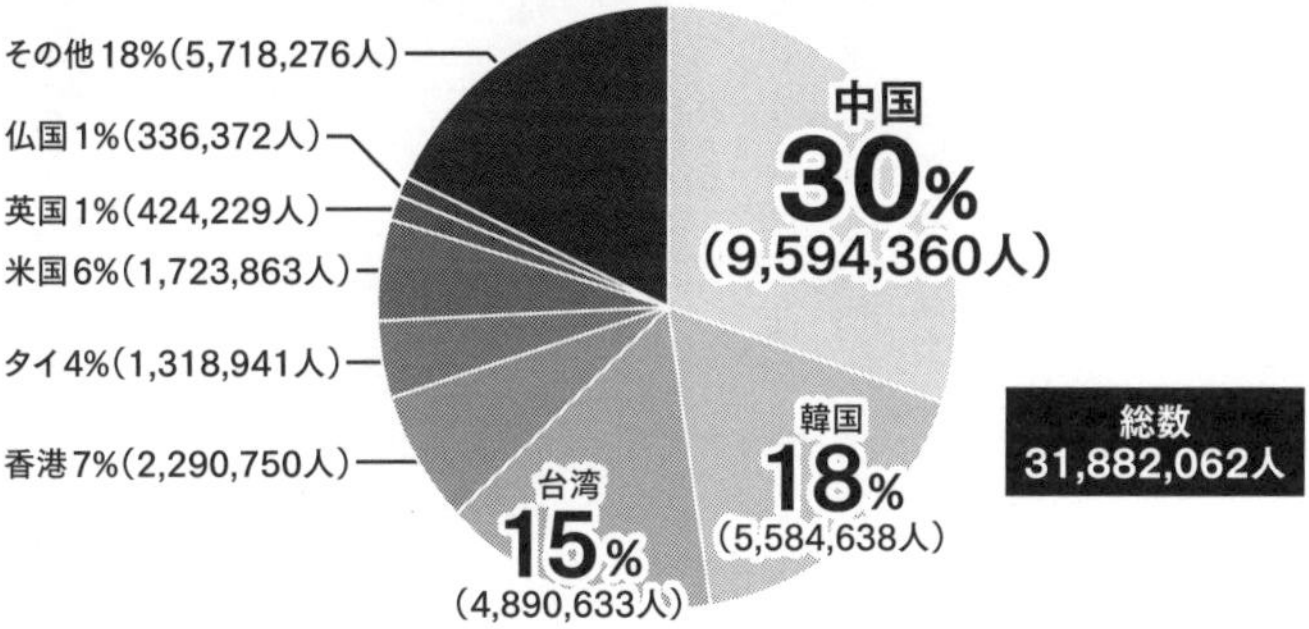

【出所】JNTO『月別・年別統計データ(訪日外国人・出国日本人)』より著者作成

影響により、コロナウイルスが蔓延する前の時点で、すでに韓国からの入国者は激減している状況にありました。また、一部のメディアは「日本が韓国に対して輸出『規制』をするから、韓国を激怒させた」、「韓国との関係を改善させるためには輸出『規制』を撤回しなければならない」などと主張したほどです。

しかし、こうした主張は、まさに本末転倒です。本書では詳細の説明は割愛しますが、韓国に対する2019年の輸出管理厳格化・適正化措置は安全保障上の理由に基づく必要な措置です。「韓国人観光客に戻って来てもらいたい」という理由で、こうした措置を撤回する、というようなことは、あってはなりません。中韓に対し、「観光客に来てもらいたいから言うべきことを言わない」という状況になってはならないのです。

④ 在留外国人のトップは中国人

「ある国との人的つながり」という意味で、「年間の往来人数」という視点は、非常に重要ではあります。ただ、すべての国が同じ基準で統計データを公表しているわけではないため、この「相互往来人数」という分析ができる相手国は限られています。たとえば、本来ならば、「日韓の相互往来」について分析したのであれば、「日中の相互往来」についても、同様に分析したいところですが、中国は「訪中日本人の人数」に関し、日本と同じように統計の公表をやめてしまったため、こうした分析を実施することはできません。

また、「人的往来」は、たしかに「ある国とほかの国の関係を読む」うえでは有益な資料ではありますが、限界もあります。たとえば、国民感情を刺激する出来事や疫病などが発生すれば、大きく変動するからです。実際、例のコロナショックの影響で、少なくとも2020年については、日本と外国の間の人的往来が激減すると見込まれます（ちなみに日本政府観光局が速報した推計値によれば、2020年5月の訪日外国人は1700人だったそうです）。

こうした「人的往来」の欠点を補ううえで、重要な視点が、「お互いの国にお互いの国民がどのくらい居住しているか」、というデータです。この数値については短期的な変動

日本に在留する外国人の8割がアジア出身者

■図表④　在留外国人・国籍別トップ10（2018年12月）

順位	国	人数	構成比（%）
1位	中国	764,720	28.01
2	韓国・朝鮮	479,193	17.55
3	ベトナム	330,835	12.12
4	フィリピン	271,289	9.94
5	ブラジル	201,865	7.39
6	ネパール	88,951	3.26
7	台湾	60,684	2.22
8	米国	57,500	2.11
9	インドネシア	56,346	2.06
10	タイ	52,323	1.92
	その他	396,270	14.51
	合計	2,730,417	100.00

【出所】法務省『在留外国人統計（旧登録外国人統計）統計表』より著者作成。なお、「韓国・朝鮮」とあるのは、元データでは2015年12月から「韓国」「朝鮮」に分けられたが、ここでは両者を集計表示している

の影響をさほど受けないため、中・長期的な両国関係をじっくりと分析するにはちょうど良い指標でもあります。その際に使うのは、「日本に長期滞在している外国人の人数」と、「外国に長期滞在している日本人の人数」です。

このうち「日本に定住している外国人の人数」については、法務省が公表する『在留外国人統計』という統計が参考になります（図表④）。この統計は、「外国人の中長期滞在者」を国籍別に集計したもので、「在留者数」には観光や商用などの短期的な滞在者や外交官、不法滞在者などは含まれませ

ん。

図表でも明らかなとおり、日本にやって来て在留している外国の人たちについては、アジア出身者が圧倒的に多く、なかでもトップの中国が全体の3割近くを占めています。欧米圏では辛うじて米国が8位に食い込んでいますが、基本的に日本に在留している外国人は8割以上がアジア出身者です。また、在留外国人のうち2番目に多いのが「韓国・朝鮮」ですが、このうちいわゆる「特別永住者」とされる人たちは2018年12月末時点で32万人弱であり、この人数は一貫して年間3％程度、人数にして毎年1万人近くのペースで減り続けています。逆にいえば、日本に居住している韓国・朝鮮籍の人のうち、16万人少々（つまり全体の3分の1強）がいわゆる「ニューカマー」であり、この「ニューカマー」の人数はベトナム、フィリピン、ブラジルを下回っているのです。つまり、特別永住者を除けば、日韓は隣国同士であるわりに、「日本に住む韓国人の定住者」は意外と少ないといえます。

いずれにせよ、「日本に在留する外国人」の国籍別内訳をみると、上位には欧米出身者が少なく、アジア出身者（なかでも中国人、韓国人、ベトナム人）が圧倒的に多いということが確認できると思います。つまり、アジアとの関係については「日本から相手との関係を深めようとしている」というよりも、むしろ「相手が日本との関係を深めようとしている」、という言い方がより実態に近いでしょう。その意味では、前章で確認した「日本とアジアはカネの面ではつながりが非常に希薄である」という点とは対照的ではないでしょうか。

つまり、日本がその国力と比べ、アジア諸国に対する投資活動はさほど活発ではないのに対し、アジア諸国（とくに中国、韓国、ベトナムなど）が日本との関わりを積極的に持とうとしている、というのが、これらの統計を読み比べた結果出てくる仮説なのです。

⑤ 中韓よりも北米に住む日本人

人的なつながりという意味で、もうひとつ重要なのが、「外国に居住する日本人」という視点です。「日本にとって中韓は非常に大事な隣国である」という主張を目にすることは多いのですが、前節で確認したとおり、少なくとも日本に居住する外国人では、中韓両国出身者の割合が非常に多いことが確認できました。もし日本の側が同様に中韓を「非常に重要な隣国だ」と位置付けているのだとすれば、中韓に在留する日本人の人数も同様に、圧倒的に多いはずです。では、このあたり、実際にはどうなっているのでしょうか。

一般に日本人が他国に行く場合（または外国人が日本に来る場合）には、短期滞在、長期滞在、永住という3つのパターンがあります。このうち短期滞在（日本人がどこの国に何人出掛けているか）について統一的な基準で集計することができませんが、長期滞在と永住の合計（つまり在留者数）については、外務省が公表する『海外在留邦人数調査統計』で知ることができます。これを地域別に整理し、1位から10位までの具体的な国名を表示したものが、図表⑤です。

これで確認すると、日本人が在留する地域としてとくに重要なのは、北米、アジア、西欧の3地域です。また、個別国レベルで最も重要なのは、全体の3分の1近い45万人弱の

日本人の在留先トップは米国

■図表⑤　日本人の在留者数（国別、2018年10月末時点）

国・地域	人数	構成比（%）
北米	**520,501**	**37.44**
うち、米国（1位）	446,925	32.14
うち、カナダ（5位）	73,571	5.29
アジア	**403,742**	**29.04**
うち、中国（2位）	120,076	8.64
うち、タイ（4位）	75,647	5.44
うち、韓国（10位）	39,403	2.83
西欧	**218,070**	**15.68**
うち、英国（6位）	60,620	4.36
うち、ドイツ（8位）	45,416	3.27
うち、フランス（9位）	44,261	3.18
大洋州	**125,681**	**9.04**
うち、豪州（3位）	98,436	7.08
その他	**122,376**	**8.80**
うち、ブラジル（7位）	51,307	3.69
合計	1,390,370	100.00

【出所】外務省『海外在留邦人数調査統計』より著者作成

日本人が在留する米国であり、これに12万人が居住する中国、10万人近くが居住する豪州、7万人以上が居住するタイなどが続いています。さらに、西欧のなかではとくに英独仏の3ヵ国の在留者が多く、日本から遠く離れた南米のブラジルに居住する日本人が全体の7位に食い込んでいるのも意外な気がしますね。すなわち、中国に在留する日本人が在外日本人全体の約9%を占め、上位2位に入っているという事実は、日本社会が中国をそれなりの「重要な国」と考えている証拠だ、という言い方もできますが、それよりも個人的に驚くのは、地理的に遠く離れているはずの米国に、中国のおよそ3・7倍に相当する40万人以上の日本人が居住しているという事実でしょう。

統計を眺めていて、さらに意外なのは、隣国であるはずの韓国に居住する日本人が4万人弱である、という点です。これはカナダや英独仏などの西欧諸国、ブラジルなどよりも少なく、順位でいえば10番目に留まっています。韓国が日本にとって地理的に近い隣国であり、産業面でも密接な関係があるはずだ、という点を踏まえるならば、「意外と少ないな」という感想を持っても不自然ではないでしょう。

この点、よく「アジアの中の日本」、「日本にとってはアジアとの関係が大事だ」、「とりわけ中韓との関係は最も大事であり、日本は中韓とは切っても切れない関係にある」などと主張する人もいます。こうした主張は一見説得力があります。しかし、数字で確認する限りは、少なくとも「最も大切だ」という部分については、やや疑問に思わざるを得ないのです（※中韓との関係が「大切ではない」と申し上げるつもりはありませんが……）。

⑥「日本は貿易立国」のウソ

某経済新聞などを眺めていくと、よく、「日本は貿易立国だ」、という主張を見かけます。いわく、「日本は輸出に依存した経済大国」だ、といったものですし、実際、日本国民のなかで「日本は外国から鉄鉱石を買ってきて自動車に加工して外国に売るような『加工貿易』モデルの国だ」、などと信じている人は多いでしょう。さらに酷いケースになると、「日本は輸出がとても大事だから、商売を考えたら近隣国のご機嫌を損ねるわけにはいかない」などと真顔で主張する人もいます。もちろん、貿易が国にとって重要であることは当然ですし、商売を考えたら、近隣国との関係は良好であるに越したことはないでしょう。しかし、それと同時に、商売を優先するあまり、国として大切な安全保障、原理原則などをないがしろにするという考え方は、いかがなものかと思います。

これに加えて日本に関していえば、そもそも論として、近隣国との貿易に関しては、「近隣国のご機嫌を損ねたら、商売上の不都合が生じる」というほど重要だとはいえません。これについて考えるうえで、意外と多くの人が無視しているのは、「貿易額がＧＤＰに占める比率」（つまり貿易依存度）です。図表⑥は、Ｇ7諸国に加え、日本と地理的に近い中国、韓国、香港、シンガポールの11ヵ国・地域について、２０１7年における「輸出

意外と低い、日本の貿易依存度

■図表⑥　G7、中、韓、香港、シンガポールの貿易依存度(2017年)

国・地域	輸出依存度(%)	輸入依存度(%)	貿易依存度(%)
米国	7.9	12.4	20.3
日本	**14.4**	**13.8**	**28.2**
中国	18.9	15.3	34.2
英国	16.6	23.3	39.9
韓国	35.3	29.4	64.7
フランス	20.7	24.1	44.8
イタリア	26.3	23.5	49.8
カナダ	25.6	26.8	52.4
ドイツ	39.2	31.5	70.7
シンガポール	115.1	101.1	216.2
香港	145.7	163.8	309.5

【出所】総務省統計局『世界の統計2020』
(注)●輸出依存度とは輸出額がGDPに占める割合
●輸入依存度とは輸入額がGDPに占める割合
●貿易依存度とは貿易額(輸出額と輸入額の絶対値の合計額)がGDPに占める割合

依存度」、「輸入依存度」、「貿易依存度」(定義は図表下注記を参照)を比較したものです。意外なことに、日本は輸出依存度、輸入依存度、貿易依存度のいずれについても米国に次いで低いことが判明します。つまり、日本はこれら11ヵ国のなかでは、米国に次いで内需依存割合が高い、いわゆる「内需依存国家」なのです。

この点、貿易依存度は国・地域によっても大きく異なりますし、とくに中継貿易の拠点となっている場合には、貿易依存度が高くなるという傾向があります(たとえば香港やシンガポールなど)。また、陸続きで近隣に大国がある事例では、フランス、イタリア、カナダのように貿易依存度が高くなる傾向があります（ユーロ圏の貿易依存度が高いのは、近隣国と陸続きであるという地理的な要因、カナダの貿易依存度が高いのは、隣国である「ガリバー」・米国との関係によるものが原因と考えられます）。

また、「中継貿易拠点」でもないくせに、やたらと貿易依存度が高い国は、ドイツと韓国であることが判明します。とくに著者の私見に基づけば、ドイツはユーロという統一通貨を使い、ユーロ圏相手の貿易だと為替変動が生じないという特徴を悪用し、無限に貿易黒字を積み上げ続けている国だと考えているのですが、これについては機会があれば別稿にてまた触れたいと思います。

さて、貿易面での相手国との関係を読み解くためには、「いかなる品目をどのくらい輸入・輸出しているのか」、という詳細なデータも必要です。そこで、以下では日本経済の姿や近隣国との関係などについて、その実態を浮き彫りにするうえで、日本の主要な貿易相手国と貿易費目、そして近隣国との貿易の詳細をもとに、日本の実態について考察を進めていきましょう。

⑦「最終消費国」化する日本

わが国の貿易構造を見るうえで、いちばん確実な資料のひとつは、財務省が公表している『普通貿易統計』と呼ばれる統計です。本書ではこの統計のうち『概況品別国別表』などのデータを使い、2019年を通じた輸出相手国、輸入相手国それぞれについて、品目別の輸出入額をチェックしていきたいと思います。

まずは、輸出入の総額と貿易収支について、確認しておきましょう。

2019年において日本の輸出額は76兆9317億円、輸入額は78兆5995億円でした。ちなみに同年の日本の名目GDPが553兆7408億円だったため、単純計算で輸出依存度は13・9%、輸入依存度は14・2%、貿易依存度は28・1%です。

輸出に関しては米国と中国がともに2割弱を占め、首位を争っている格好ですが、これに韓国、台湾、香港などが続きます。一方、輸入高については中国が単独で2割を超え、他国を突き放して1位に位置しており、これに米国、豪州、韓国、サウジアラビアなどが続きます。また、貿易収支については貿易黒字を計上している相手国が米国、香港、韓国などであり、貿易赤字を計上している相手国が中国、豪州、サウジアラビアなどです。

以上より、日本の貿易には、おおきく3つの構造がある、という仮説が浮かびます。

中国は日本にとって最大の輸入相手国

■図表⑦　日本の輸出入高（国別、上位10ヵ国、2019年）

	順位	相手国	金額（円）	構成比（%）
輸出額	1位	米国	15兆2545億	19.83
	2	中国	14兆6819億	19.08
	3	韓国	5兆0438億	6.56
	4	台湾	4兆6885億	6.09
	5	香港	3兆6654億	4.76
	6	タイ	3兆2906億	4.28
	7	ドイツ	2兆2051億	2.87
	8	シンガポール	2兆1988億	2.86
	9	ベトナム	1兆7971億	2.34
	10	オーストラリア	1兆5798億	2.05
		その他	22兆5260億	29.28
			76兆9317億	100.00
輸入額	1位	中国	18兆4537億	23.48
	2	米国	8兆6402億	10.99
	3	オーストラリア	4兆9576億	6.31
	4	韓国	3兆2271億	4.11
	5	サウジアラビア	3兆0158億	3.84
	6	台湾	2兆9276億	3.72
	7	アラブ首長国連邦	2兆8555億	3.63
	8	タイ	2兆7651億	3.52
	9	ドイツ	2兆7226億	3.46
	10	ベトナム	2兆4509億	3.12
		その他	26兆5834億	33.82
		輸入額合計	78兆5995億	100.00

参考：日本から見た貿易黒字相手国

順位	相手国	金額（円）
1位	米国	6兆6143億
2	香港	3兆4403億
3	韓国	1兆8167億
4	台湾	1兆7609億
5	シンガポール	1兆3475億

参考：日本から見た貿易赤字相手国

順位	相手国	金額（円）
1位	中国	3兆7718億
2	オーストラリア	3兆3778億
3	サウジアラビア	2兆4591億
4	アラブ首長国連邦	2兆0728億
5	カタール	1兆3112億

【出所】財務省『普通貿易統計』。なお、情報源が異なるため、輸出入それぞれの合計は本章⑧、⑨で示すものと一致しない

まずは伝統的な「加工貿易モデル」です。具体的には、資源国（豪州、中東諸国など）から資源を購入し、自動車などの製品を作り、経由国（香港、シンガポールなど）や最終消費国（米国など）に輸出する、という流れです。

次に、「迂回貿易モデル」です。これは、資源国から資源を購入し、日本で資本財・中間素材（つまり「モノを作るためのモノ」）を生産して加工国（中国、韓国、台湾など）に売り、最終製品は中韓台などの諸国に作らせて、それを経由国や最終消費国に輸出する、というパターンです。

最後は「日本自身が最終消費国になりつつある」、という仮説です。中国からの輸入額が18兆円を超え、貿易赤字も4兆円近くに達しているという事実を踏まえると、この仮説もそれなりの説得力を帯びてくるのです。

⑧日本からの中間素材に頼る中韓台

前節では日本の輸出入を相手国別に分解してみたのですが、次に、品目別に分解してみましょう（ただし、データを取得したウェブサイトが異なるためなのか、品目別輸出入額の合計金額は国別輸出入額の合計金額と一致していませんのでご了承ください）。

2019年における輸出高は77兆円近くに達していますが、品目別に見ると、全体の6割が「機械類及び輸送用機器」、つまり、「輸送用機器（自動車など）」、「一般機械（原動機や半導体製造装置など）」、「電気機器（半導体等電子部品など）」で占められており、これに「化学製品（元素・化合物・プラスチックなど）」や「原料別製品（鉄鋼など）」が続いています。品目別に見ると、金額上位のもののうち「最終消費財」といえるのは自動車に代表される輸送用機器ですが、それ以外の半導体製造装置だの、半導体等電子部品だの、元素、化合物、鉄鋼だのといった製品は、相手国がモノを作るための製品（資本財や中間素材）です。つまり、「日本は鉄鉱石や原油などの原料を資源国から買ってきて最終製品にして米国などに売る」という意味での「加工貿易モデル」と、「資本財、中間素材などを作って中国、韓国、台湾などの加工国に売る」という「迂回貿易モデル」の双方が、この品目別分解から見えて来るのです。

このことは、国別に品目分解をすれば、さらに明らかです。

図表⑧に示した4つの円グラフは、日本にとっての輸出相手国の上位4ヵ国（米国、中国、韓国、台湾）のそれぞれについて、内訳を品目別に分解して金額構成割合を示したものです。

ここで注意しなければならないのは、「機械類及び輸送用機器」というジャンルに、最終消費財である自動車と資本財と思われる一般機械（原動機や半導体製造装置など）、中間素材と思われる電気機器（半導体等電子部品など）が混在している点です。たとえば、米国の場合は輸出高15兆円あまりのうち「機械類及び輸送用機器」が11兆円あまり（全体の74％）を占めていますが、このうち「輸送用機器」（自動車など）の輸出高は5・6兆円（輸出全体の37％）に達しています（※もっとも、対米輸出品目の上位には資本財や中間素材品目も存在しているため、「米国向け輸出品は最終製品だけだ」などと一概に決めつけることはできませんが…）。

これに対し、中国の場合は輸出高15兆円弱のうち「機械類及び輸送用機器」が8兆円弱で全体の54％に達していますが、このうち最終製品である「輸送用機器」は1・5兆円で輸出全体の10％に過ぎず、それ以外は資本財や中間素材と思しき品目が中心です。さらに、韓国と台湾の場合、「機械類及び輸送用機器」の比率はそれなりに高いものの、これ

自動車を除けば、日本の輸出品の大部分は資本財と中間素材

■図表⑧－1　日本の輸出高（2019年）

順位	品目	金額（円）	全体の構成比（%）
1位	**機械類及び輸送用機器**	**46兆4471億**	**60.37**
	うち、輸送用機器	18兆1179億	23.55
	うち、一般機械	15兆1215億	19.66
	うち、電気機器	13兆2077億	17.17
2	**化学製品**	**8兆7391億**	**11.36**
	うち、元素及び化合物	2兆5884億	3.36
	うち、プラスチック	2兆4297億	3.16
3	原料別製品	8兆4070億	10.93
	うち、鉄鋼	3兆0740億	4.00
4	特殊取扱品	5兆6497億	7.34
5	雑製品	4兆5177億	5.87
6	鉱物性燃料	1兆3830億	1.80
7	原材料	1兆0067億	1.31
8	食料品及び動物	6401億	0.83
9	飲料及びたばこ	1141億	0.15
10	動植物性油脂	269億	0.03
	合計	**76兆9315億**	**100.00**

【出所】財務省『普通貿易統計』。なお、データ源が異なるため、「合計」欄は本章⑦の輸出額合計と一致しない

に含まれる最終製品である輸送用機器の割合はそれぞれ2%、8%であり、それ以外の品目の多くは資本財や中間素材であると考えられます。

このことから、中国、韓国、台湾に関する限りは、「迂回貿易」説が説得力を帯びてくるといえるのです。

対中輸出品目、自動車もあるが、資本材と中間素材も多い

■図表⑧－2　日本の対中輸出（2019年）

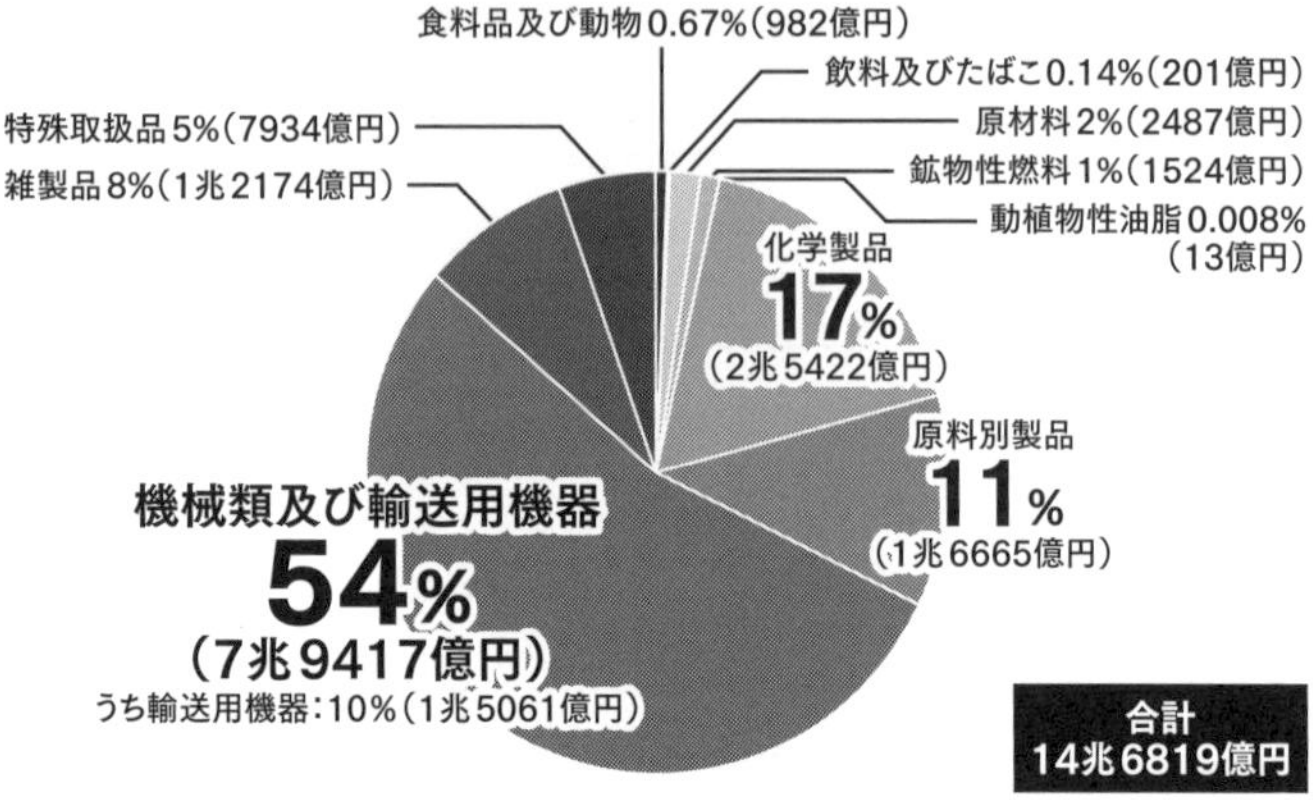

対台輸出も基本的に「迂回貿易モデル」で説明がつく

■図表⑧－3　日本の対台輸出（2019年）

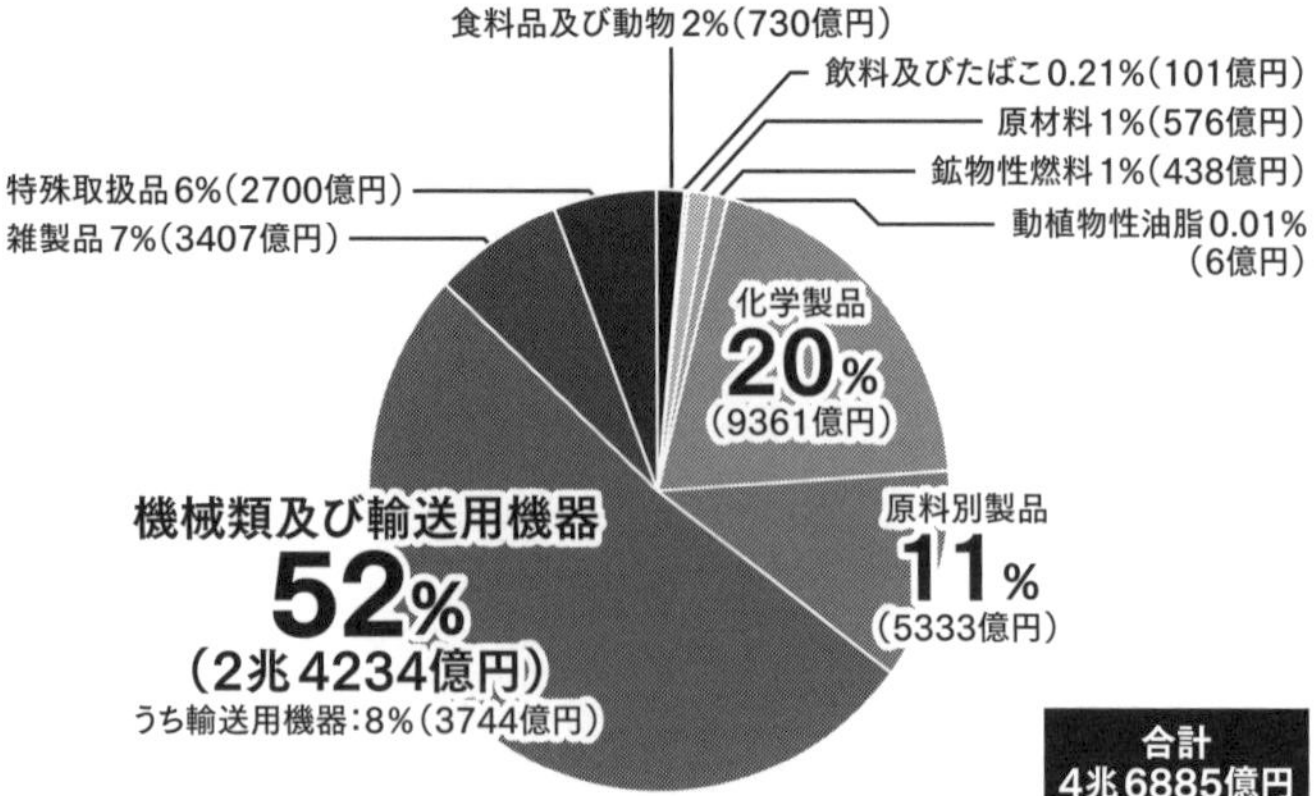

対韓輸出品目の多くは資本材と中間素材

■図表⑧－4　日本の対韓輸出（2019年）

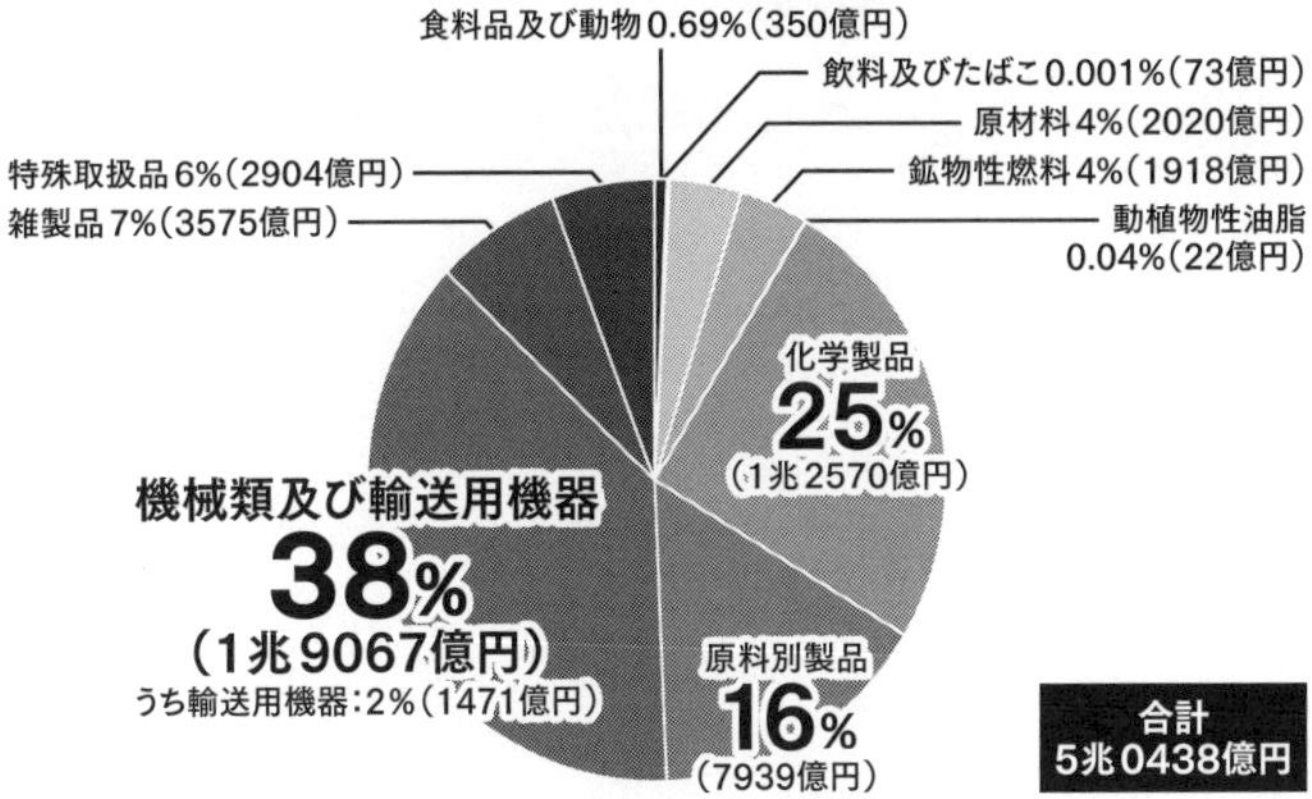

対米貿易は典型的な「加工貿易モデル」

■図表⑧－5　日本の対米輸出（2019年）

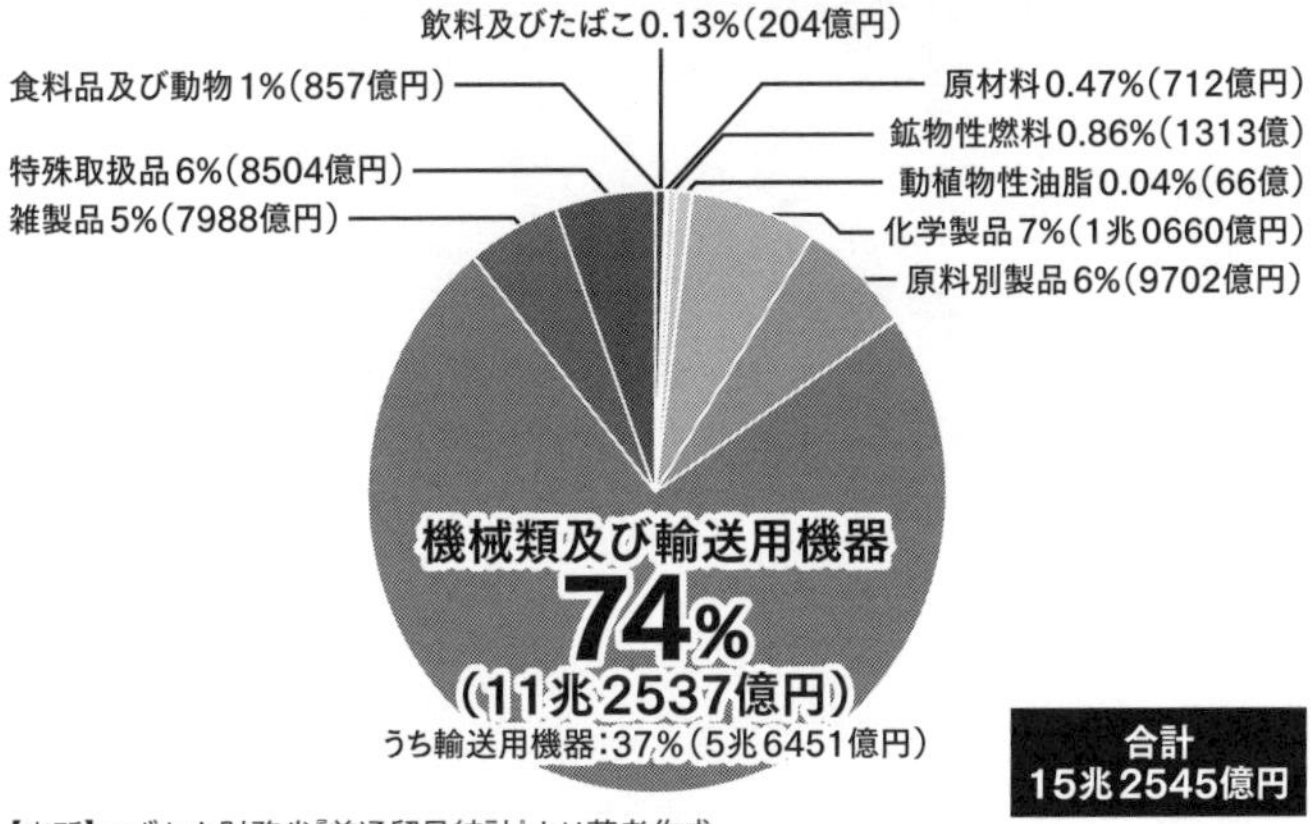

【出所】いずれも財務省『普通貿易統計』より著者作成

⑨ 高まる市場としての日本の価値

同様に、輸入品目についても分解してみましょう。

まず、日本の2019年における輸出高は76兆9317億円だったのに対し、輸入高は78兆5995億円であり、日本は2兆円弱の貿易赤字を計上しています。これについては「東日本大震災（2011年3月）を契機に日本国内の原子力発電所が停止したため、石油などの「鉱物性燃料」の輸入額が激増したため、日本が貿易赤字に転落した」、という説明を聞くこともあるのですが、データで確認する限り、この説明は半分は正解かもしれませんが、半分は不正解です。なぜなら、日本の輸入品目のうち3割近くを占めているのが、従来、日本が「得意分野」としていたはずの「機械類及び輸送用機器」のジャンルの製品だからです。とりわけ大きいのが12兆円近くを占める「電気機器」（携帯電話など）であり、また、「一般機械」（PCなど）も7・6兆円と無視できない金額に達しています。

もちろん、石油などの「鉱物性燃料」（石油、天然ガス、石炭やその製品など）の輸入高も17兆円近くに達しているのですが、この金額は輸入額全体の2割弱であり、「電気機器」というジャンルよりも少ないのです。さらには衣料品などの「雑製品」が10兆円近くに達し、全体の13％ほどを占めている点も見逃せません。

輸入品目には燃料・原材料だけでなく「最終消費財」も！

■図表⑨　日本の輸入高(2019年)

順位	品目	金額(円)	全体の構成比(%)
1位	**機械類及び輸送用機器**	**23兆1353億**	**29.43**
	うち、電気機器	11兆9920億	15.26
	→通信機	2兆8463億	3.62
	→半導体等電子部品	2兆5814億	3.28
	うち、一般機械	7兆5826億	9.65
	→事務用機器	2兆8201億	3.59
2	**鉱物性燃料**	**16兆9506億**	**21.57**
	うち、石油及び同製品	9兆5063億	12.09
	うち、天然ガス及び製造ガス	4兆8826億	6.21
	うち、石炭	2兆5282億	3.22
3	**雑製品**	**9兆8793億**	**12.57**
	うち、衣料及び同附属品	3兆2045億	4.08
4	化学製品	8兆1635億	10.39
5	原料別製品	7兆0684億	8.99
6	食料品及び動物	6兆2423億	7.94
7	原材料	4兆6736億	5.95
8	特殊取扱品	1兆3496億	1.72
9	飲料及びたばこ	9478億	1.21
10	動植物性油脂	1876億	0.24
	合計	**78兆5980億**	**100.00**

【出所】財務省『普通貿易統計』。なお、データ源が異なるため、「合計」欄は本章⑦の輸入額合計と一致しない

ここで、先ほど示した「3つの貿易モデル」の仮説、つまり「加工貿易モデル」、「迂回貿易モデル」、「最終消費国モデル」を思い出してください。日本が「加工貿易モデル」ないし「迂回貿易モデル」の国であるならば、日本は「鉱物性燃料」だけでなく、「原料別製品」や「原材料」などの輸入高がもっと多くなければおかしいはずです。ところが、実際の貿易統計を見ると、日本の輸入品の上位品目には最終消費財と思しき項目に加え、従来は日本が積極的に輸出していたはずの中間素材、資本財と思しき製品も散見されるようになっているのです。

つまり、現実の統計の数値で確認すると、現在の日本は「加工貿易立国」や「迂回貿易立国」ではなく、徐々に「最終製品を外国から輸入する国」に変わりつつある、という仮説が説得力を持ってくるのです。

⑩ 中国の方が日本に依存している

日本にとって、中国や韓国は地理的に近い隣国です。また、日本の産業は中韓両国とはサプライチェーンで密接につながっている、などと指摘されることもあるのは事実でしょう。ただ、あくまでも私見に基づけば、日中貿易、日韓貿易はたしかに日本経済にとってはさまざまな意味で「重要な存在」ではありますが、中韓との関係が日本の産業にとって「重要な存在」となってきたのが「必然」だったのかと問われれば、そこは疑問です。

まず、日中貿易額の推移について確認しておきましょう（図表⑩）。

対中貿易については、たしかに現在、中国は日本にとって最大の貿易相手国であり、また、日本の貿易に占めるシェアは、輸出面では20％弱、輸入面では4分の1近くに達するなど、非常に重要な相手国であることは明らかです。しかし、それと同時に注意しなければならないのは、しかし、日中貿易が急拡大したのは、中国が「世界の工場」ともてはやされるようになった2000年代以降のことである、という点です。この点は、日中関係が「日本の製造業が中国に工場を建て、中国で加工して欧米など最終消費地に輸出する」という「迂回貿易」モデルで説明できそうな部分ではあります。

しかし、ここでひとつの留意点があります。それは、日本は一貫して、対中貿易では赤

近年、急拡大してきた日中貿易

■図表⑩－1　日中貿易額

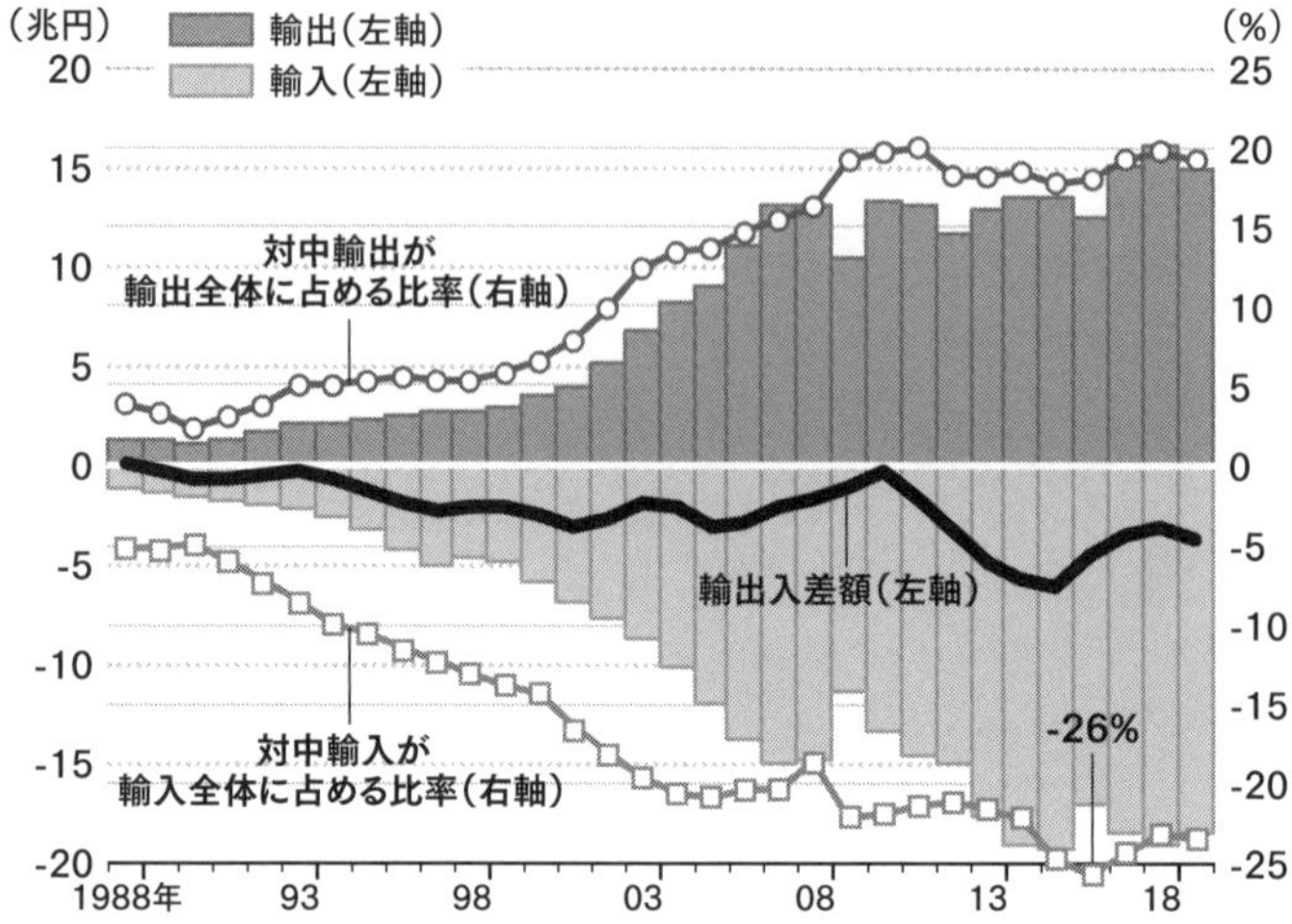

【出所】財務省・普通貿易統計より著者作成

字を計上し続けている、という点です。このことから、日本の対中貿易は「迂回貿易モデル」に加えて、「価格競争力のある中国に作らせることで、日本国内で自給できていた製品を中国に作らせる」という「最終消費国モデル」も成り立っているのではないか、という仮説が説得力を帯びて来るのです。

これを検証するために、実際の中国との貿易について、品目別の詳細を確認しておきましょう。

まず、対中輸出品目については、「機械類及び輸送用機器」が全体の54%を占めていて、そのうち最終消費財である「輸送用機器」が対中輸

対中輸出品目は「モノを作るためのモノ」が多いが…

■図表⑩－2　日本の対中輸出（2019年）

輸出品目	金額（円）	構成比（％）
機械類及び輸送用機器	**7兆9417億**	**54.09**
うち、一般機械	3兆3967億	23.13
→原動機	4605億	3.14
→半導体等製造装置	9006億	6.13
うち、電気機器	3兆0390億	20.70
→半導体等電子部品	9806億	6.68
うち、輸送用機器	1兆5061億	10.26
化学製品	**2兆5422億**	**17.32**
うち、元素及び化合物	7795億	5.31
うち、プラスチック	8157億	5.56
原料別製品	**1兆6665億**	**11.35**
雑製品	**1兆2174億**	**8.29**
→科学光学機器	7503億	5.11
上記以外	**1兆3141億**	**8.95**
日本の対中輸出額合計	**14兆6819億**	**100.00**

【出所】財務省「普通貿易統計」より著者作成

出全体の10％少々を占めているものの、ほかにも「化学製品」や「原料別製品」、「半導体製造装置」や「半導体等電子部品」など、資本財・中間素材と思われる品目も多いのが特徴的です（「雑製品」中の「科学光学機器」とは、携帯電話に搭載するカメラのことでしょうか?）。このことは、日本の対中輸出が「加工貿易モデル」というよりも「迂回貿易モデル」と言った方が実態に近い、という証拠でしょう。

しかし、対中輸入品目については、かつて日本が得意分野としてたはずの「機械類及び輸送

対中輸入品目はケータイ、PC、衣類など「最終製品」が多い

■図表⑩－3　日本の対中輸入（2019年）

輸入品目	金額（円）	構成比（%）
機械類及び輸送用機器	**9兆1670億**	**49.68**
うち、一般機械	3兆3850億	18.34
→電算機類（含周辺機器）	1兆6415億	8.90
うち、電気機器	5兆2948億	28.69
→音響・映像機器（含部品）	7292億	3.95
→通信機	2兆0168億	10.93
──→電話機	1兆4483億	7.85
雑製品	**4兆4455億**	**24.09**
うち、衣類及び同附属品	1兆7909億	9.70
うち、その他の雑製品	1兆1410億	6.18
原料別製品	**2兆2091億**	**11.97**
化学製品	**1兆1959億**	**6.48**
上記以外	**1兆4362億**	**7.78**
日本の対中輸入額合計	**18兆4537億**	**100.00**

【出所】財務省「普通貿易統計」より著者作成

用機器」が全体の半額近くを占めており、とりわけ「一般機械」（PCでしょうか?）や「電気機器」（スマートフォンなどでしょうか?）といった具合に、最終製品の輸入が多いのも特徴的です。また、「雑製品」（衣料品や縫製品などでしょうか?）や「その他の雑製品」（百円ショップなどで見かける小物類でしょうか?）、さらには「化学製品」などの品目も目につきます。

以上より、対中貿易の世界では、中国は日本にとって、単純な「加工貿易の輸出先」、「迂回貿易の中間輸出先」とは言い切れず、日本の膨大な対中貿易赤字を踏まえる

と、むしろ日本が中国にとっての「最終消費国」であり、日本が中国の「お得意様」のようになっている、という言い方をした方が正確ではないでしょうか。

余談ですが、よくわが国のメディアなどに「中国との関係は大切だから、中国の機嫌を損ねてはならない」とする論調を見かけます。しかし、日中貿易では、日本は中国に対して毎年、おもに最終消費財の輸入によって巨額の貿易赤字を計上しています（※その一部は旅行収支の黒字で取り返していますが……）。このため、俗な言い方をすれば、日本は中国にとってはむしろ「お得意様」であり、「日本にとって中国が大事」というよりはむしろ、「中国にとって日本が大事」だと言えるのかもしれません。

⑪ 日本の金融支援を支えに通貨安で攻勢をかけた韓国

中国との関係と同様、日韓の貿易関係についても確認しておきましょう。

図表⑪で見ると、日韓貿易については、日中貿易ほど「劇的に成長した」というわけではありません。しかし、それでも輸出高と貿易黒字については、2000年代以降、大きく伸び始めていることが確認できます。また、対中貿易と異なり、対韓貿易については、日本が常に貿易黒字を計上しているという特徴があります。東日本大震災が発生した2011年以降、貿易赤字体質が定着しつつある日本にとって、韓国は毎年、2~3兆円の貿易黒字をもたらしてくれている貴重な相手国でもあります。

ただ、対韓貿易については品目別に分解してみると、「日本から資本財・中間素材を輸出しているが、韓国からは最終製品をさほど輸入しているわけではない」という特徴があります。これを図表で確認しておきましょう。

まず、輸出高品目については全体の4割弱を「機械類及び輸送用機器」が占めていますが、主要輸出品目は半導体製造装置を含めた「一般機械」、半導体等電子部品を含めた「電気機器」であり、ほかにも「化学製品」(「元素及び化合物」や「プラスチック」)、「原料別製品」(「鉄鋼」など)が占めていることがわかります。しかし、対中輸出と異なり、対

対韓貿易は金額的には重要だが…

■図表⑪－1　日韓貿易額

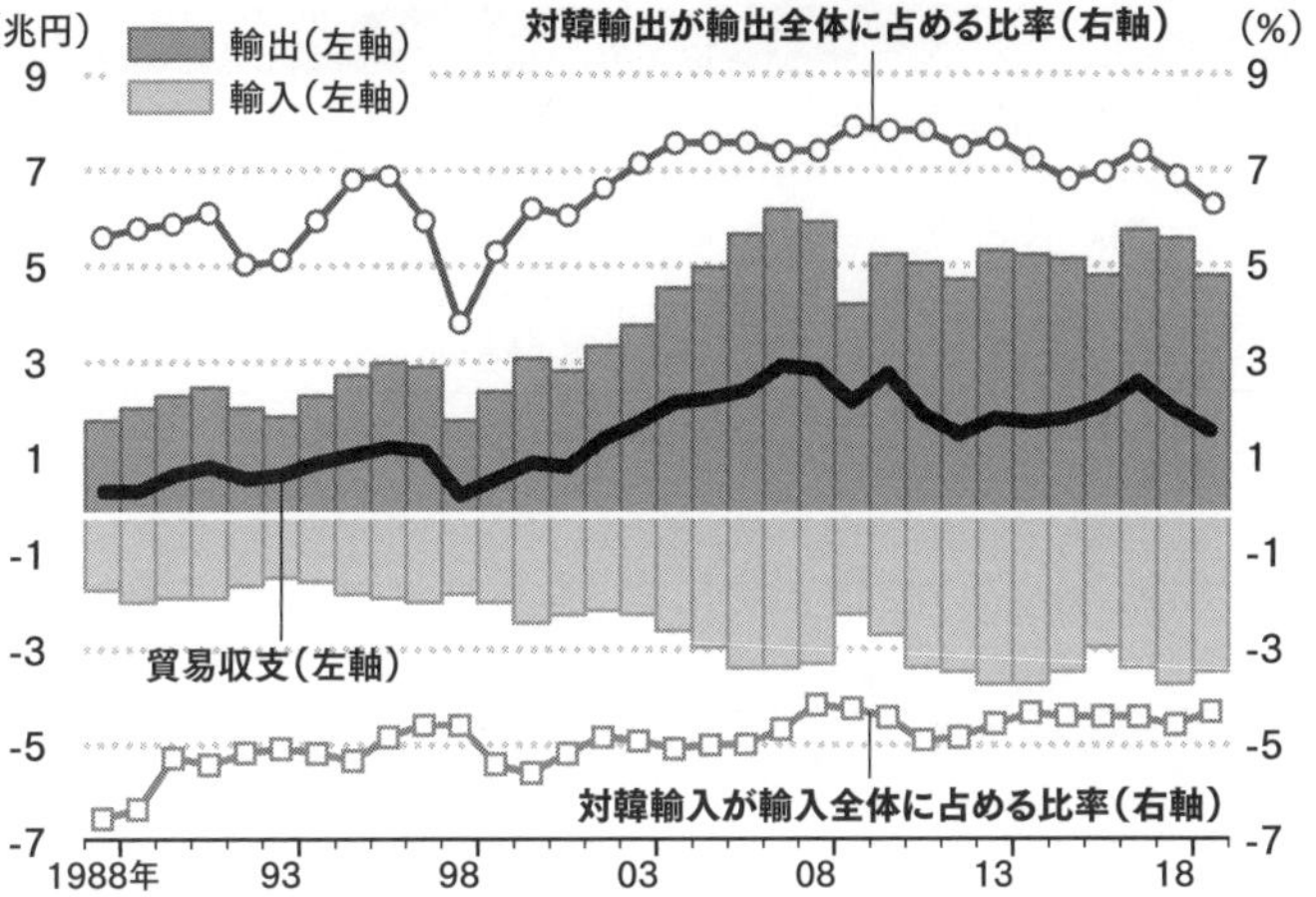

【出所】財務省・普通貿易統計より著者作成

韓輸出に関しては、最終製品（自動車やビールなど）が占める割合がもともと非常に低く、このことから日韓関係は典型的な「迂回貿易」パターンにあると考えて良いでしょう。

もっとも、対韓輸入品目については、最近になって、本来は日本が得意としていたはずの「機械類及び輸送用機器」（半導体等電子部品など）、「原料別製品」（鉄鋼など）、「化学製品」などの輸入が目立ち始めています。これは、韓国の産業構造が日本をベンチマークしながら発達して来たという側面を反映しているのかもしれませんし、また、日本企業が韓国企業をサプライヤーにし始めているという証拠なのかもしれませ

対韓輸出品目の多くは資本財と中間素材

■図表⑪－2　日本の対韓輸出（2019年）

輸出品目	金額（円）	構成比（%）
機械類及び輸送用機器	**1兆9067億**	**37.80**
うち、一般機械	9117億	18.08
→半導体等製造装置	3168億	6.28
うち、電気機器	8479億	16.81
→半導体等電子部品	2475億	4.91
化学製品	**1兆2570億**	**24.92**
うち、元素及び化合物	3708億	7.35
うち、プラスチック	2975億	5.90
原料別製品	**7939億**	**15.74**
うち、鉄鋼	4245億	8.42
雑製品	**3575億**	**7.09**
→科学光学機器	1868億	3.70
特殊取扱品	**2904億**	**5.76**
うち、再輸出品	2758億	5.47
上記以外	**4383億**	**8.69**
日本の対韓輸出合計	**5兆0438億**	**100.00**

【出所】財務省「普通貿易統計」より著者作成

ん。

つまり、韓国の産業の発展に伴い、韓国が徐々に日本にキャッチアップし、基幹部品などの国産化を進めていることにより、「資本財や中間素材を韓国に輸出し、韓国に組み立てさせて最終消費地に輸出させる」という「迂回貿易」モデルが崩れ始めている、という可能性があるのです。このように考えていくならば、日本はいつまでも韓国に対して「迂回貿易モデル」で儲ける、ということはできません。というよりも、日本が韓国に

対韓輸入品目自体は少ないが、資本財や中間素材もチラホラ

■図表⑪－3　日本の対韓輸入（2019年）

輸入品目	金額（円）	構成比（%）
機械類及び輸送用機器	**9522億**	**29.51**
うち、一般機械	3937億	12.20
うち、電気機器	4527億	14.03
→半導体等電子部品	1544億	4.79
原料別製品	**6955億**	**21.55**
うち、鉄鋼	3392億	10.51
化学製品	**4952億**	**15.35**
うち、元素及び化合物	2044億	6.33
鉱物性燃料	**4290億**	**13.29**
うち、石油及び同製品	4233億	13.12
上記以外	**6551億**	**20.30**
日本の対韓輸入合計	**3兆2271億**	**100.00**

【出所】財務省「普通貿易統計」より著者作成

対して「迂回貿易モデル」で儲けて来たこと自体が、韓国の日本に対するキャッチアップを招いたのだとしたら、じつに皮肉な話です。

これに加え、後述するとおり、日本は韓国に対し、通貨スワップを始め過去に何度も何度も金融支援を与えて来ました。あくまでも著者の私見ですが、韓国は日本からの金融支援を裏付けとして安心して通貨安誘導を行ったのであり、日本の産業による支援もあって韓国の産業が大きく発展し、その反面として日本企業が産業競争力を失ってきたというのが日韓関係の実情ではないでしょうか。とくに、日本の半導体産業などがほぼ壊滅状態に追いやられたのも、こうした日韓

関係の在り方とは無縁ではないでしょう。

もちろん、現在の韓国は日本に対し、毎年、巨額の貿易黒字をもたらしてくれる、世間的な言い方をすれば「ありがたいお得意様」です。しかし、「最終消費財の輸入で貿易赤字」となっている日中貿易と異なり、日韓貿易からもたらされる黒字は、おもに資本財、中間素材などの分野で生じているものです。その意味では、日韓貿易の黒字についてはシンプルに「この黒字をもたらしてくれる国を大事にすべき」と考えるのではなく、もう少しトータルに、日韓の産業構造について検討する必要があるように思えてなりません。

⑫ 韓国の通貨危機を何度も救った日本

ある国同士の経済的な関係を見るうえで有効な考え方が、「ヒト、モノ、カネのつながりである」という点については、本章の冒頭でも申し上げた点です。ここまで、ヒト、モノという点で、日本と近隣国（とくに韓国）とのつながりを見て来たわけですが、もうひとつの重要な論点が、「カネのつながり」です。

前章では、日本が世界最大級の債権国であり、日本円という通貨自体が国際的に通用するハード・カレンシーである点に加え、巨額の外貨準備を裏付けとして、世界各国に対する金融支援を提供している国であるという点を確認したのですが、これについて韓国との関係はどうなっているのでしょうか。

じつは、韓国は過去に何度も経済危機を発生させてきた国であり、とくに深刻だったのが、1997年のアジア通貨危機と、2008年のリーマン・ショックです。前章でも紹介した『国際与信統計』には、韓国のデータも収録されています。そして、集計区分には「韓国の企業や銀行などが外国の金融機関から借り入れている1年内の外貨建て債務」（つまり外貨建短期債務）という項目もあります。

たとえば、ここで、2008年3月末時点で韓国の外貨建短期債務の額は1406億ド

リーマン・ショック時の韓国からの資金流出

■図表⑫－1　韓国の外貨準備と短期債務

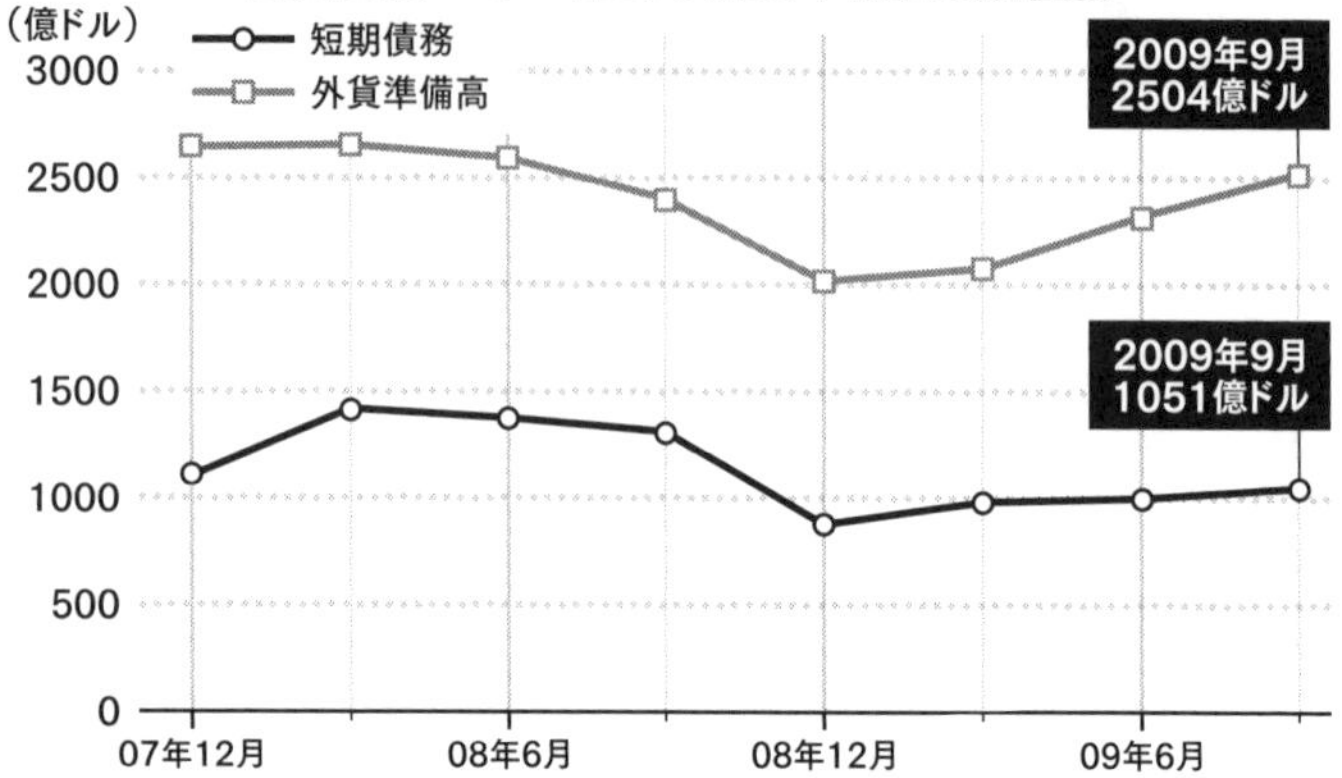

【出所】国際決済銀行『国際与信統計』(Consolidated banking statistics)および韓国銀行・外貨準備統計より著者作成

アジア通貨危機時の韓国からの資金流出

■図表⑫－2　韓国の外貨準備と短期債務

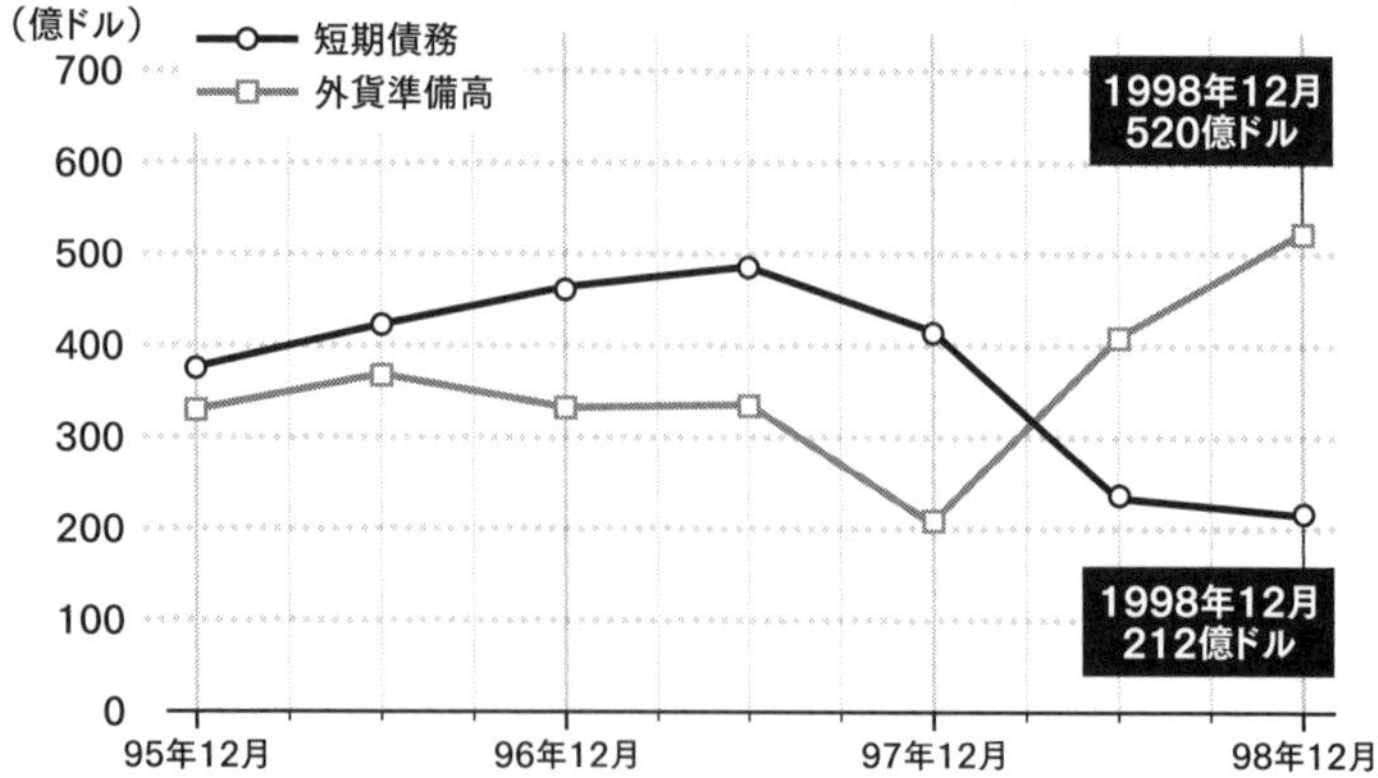

【出所】国際決済銀行『国際与信統計』(Consolidated banking statistics)および韓国銀行・外貨準備統計より著者作成

ルに膨らんでいたのですが、米投資銀行大手のリーマン・ブラザーズの経営破綻が発生した2008年9月を挟み、2008年12月には一気に882億ドルにまで減少していたことが確認できます。つまり、いわゆる「リーマン・ショック」の際には、わずか半年で、韓国から一気に500億ドル前後の資金が流出した（あるいは短期債務のロールオーバーを拒絶された）ことが、データからはハッキリと確認できるのです。

同様に、1997年6月末時点で韓国の外貨建短期債務の額は483億ドルだったのですが、半年後の同年12月に412億ドル、翌98年6月には235億ドルへと、1年で半減した格好となっています（※当時はデータが四半期ごとではなく半年ごとの公表だったので、3月末、9月末のデータについては取得できません）。これらのグラフではそれぞれ、同国の外貨準備の額についても併記しているのですが、外貨建短期債務の額が急減するとともに、外貨準備高についても同様に急減していることが確認できるでしょう。

そして、じつは韓国が通貨危機に陥るたびに「助け舟」を出してあげてきたのが、私たちの国・日本だったのです。その具体的な手段が、第2章⑪などでも紹介した「通貨スワップ」と呼ばれる仕組みであり、なかでも得難いのが日本円建ての通貨スワップ、米ドル建ての通貨スワップだったのです。

⑬日韓通貨スワップの異常な関係

さて、具体的に日本が過去に韓国に対して提供していた通貨スワップについても振り返っておきましょう。

もともと日本は1997年のアジア通貨危機の反省として、「チェンマイ・イニシアティブ（CMI）」と呼ばれる、アジア諸国が危機の際、相互に外貨を融通し合う協定を提唱した国でもあります。そして、韓国との間でCMIに基づき、まずは20億ドル分の米ドル建ての通貨スワップが提供されます（当初は全額がドル建て）。

その後、円建ての通貨スワップも提供されるようになり、さらには2006年にはCMIスワップが100億ドルに増額され、130億ドル（円建て30億ドル＋ドル建て100億ドル）になったようです。しかし、その後は2008年のリーマン・ショックにより、韓国は再び外貨流出に苦しめられます（著者試算によれば、韓国の通貨当局が2008年4月から12月の期間に通貨防衛で525億ドルほど外貨準備を「溶かした」と見ています）。ただ、米国が韓国にスワップを提供したことに加え、日本も韓国に対し、円建てのスワップを200億ドルに増額するなどの措置を講じたことなどもあり、韓国の通貨危機局面は収束したのですが、2011年には今度は欧州債務危機の余波を受け、再び韓国の通貨市場が不

日本は何度も韓国を助けてきた！

■図表⑬　日本の韓国への通貨スワップの歴史

日付	内容	その時点の上限額（米ドル）	スワップの内訳
2001年7月4日	CMIに基づきドル建ての日韓通貨スワップ開始	20億	20億ドルの全額がドル建て
2005年5月27日	円建て通貨スワップ開始	50億	（円）30億＋（ドル）20億
2006年2月24日	CMIスワップの増額	130億	（円）30億＋（ドル）100億
2008年12月12日	リーマン・ショック後のスワップ増額	300億	（円）200億＋（ドル）100億
2010年4月30日	リーマン増額措置終了	130億	（円）30億＋（ドル）100億
2011年10月19日	「野田佳彦スワップ」開始	700億	（円）300億＋（ドル）400億
2012年10月31日	「野田佳彦スワップ」終了	130億	（円）30億＋（ドル）100億
2013年7月3日	円建て通貨スワップ終了	100億	円建てスワップが失効したので、ドル建てのみが残る
2015年2月16日	CMIスワップが失効	0億	ドル建てスワップについても失効

【出所】日銀、財務省、国立国会図書館アーカイブ等を参考に著者作成。ただし、日銀、財務省がウェブサイトから一部の過去データを抹消しているため、部分的に誤っている可能性もある

安定になります。

このときに日本は韓国に対し、700億ドルという破格のスワップ増額措置を講じたこともあり、結局、韓国の通貨・ウォンは暴落せずに済み、それどころか韓国の通貨当局は日韓通貨スワップに安住し、それを奇貨としてむしろ一定の範囲でわざと通貨安誘導を行ったフシもあります。

ちなみに700億ドルの増額措置の直後、2012年2月には、当時の半導体大手のエルピーダメモリが

経営破綻しましたが、著者はこれについて、日韓通貨スワップの増額措置などによって韓国が安心して通貨安誘導を行えるようになったことで、日本企業の産業競争力が削がれたことも、大きな要因ではないかと疑っている次第です。

実際、著者の私見で恐縮ですが、韓国は2008年の金融危機を奇貨として通貨安誘導を行い、1ドル＝1100〜1200ウォンの状況を常態化させたことに加え、2009年に日本で発足した民主党政権が円高を放置した結果、日本の産業競争力が阻害されたという側面はかなり強いのではないかと見ている次第です。

⑭ 韓国の通貨スワップは「張子の虎」

さて、日韓通貨スワップについては、一時的な増額措置は1年で終了し、その後は日韓関係の悪化もあり、2013年7月には円建てスワップが失効し、2015年2月にはドル建てスワップも失効しました。

いちおう、韓国の当局の発表によれば、韓国は2020年5月末時点で4100億ドル近い外貨準備を保有していることとされているようですが、そのわりには、韓国メディアは韓国当局が外国と通貨スワップを結ぶと、そのことを非常に強く喜ぶようです。

現在、韓国の当局が外国と保有しているとされる通貨スワップについて取りまとめたものが、図表⑭なのですが、これについてはどう考えるべきでしょうか。

通貨当局間の通貨スワップの使途のひとつは、通貨当局同士が通貨を交換することで相手国から通貨（外貨）を手に入れ、通貨の売り浴びせなどに対抗する、というものですが、そのような面から見れば、韓国が保有しているスワップには問題点があります。

そもそも論として、国際的な市場でその通貨を売り、韓国ウォンを買うということは、その通貨の価値が暴落する可能性がある、ということでもあります。スイスのように慢性的な通貨高に悩んでいる国や、豪ドルのような「準ハード・カレンシー」であれば話は別

韓国が保有するスワップ、見掛けは多いが…

■図表⑭　韓国が外国と締結するスワップ(自称も含む)

相手国と失効日	金額とドル換算額	韓国ウォンとドル換算額
スイス(2021/2/20)	100億フラン ≒ 103.7億ドル	11.2兆ウォン ≒ 91.9億ドル
UAE(2022/4/13)	200億ディルハム ≒ 54.4億ドル	6.1兆ウォン ≒ 50.0億ドル
マレーシア(2023/2/2)	150億リンギット ≒ 34.7億ドル	5兆ウォン ≒ 41.0億ドル
オーストラリア(2023/2/22)	120億豪ドル ≒ 73.1億ドル	9.6兆ウォン ≒ 78.8億ドル
インドネシア(2023/3/5)	115兆ルピア ≒ 70.5億ドル	10.7兆ウォン ≒ 87.8億ドル
二国間通貨スワップ　小計	844.3億ドル	106.6兆ウォン ≒ 874.5億ドル
多国間通貨スワップ(CMIM)	384.0億ドル	—
通貨スワップ　合計	1,228.3億ドル	—
カナダ(期間無期限)※	金額無制限	—
米国(2020/09/19)※	600億ドル	—

(※ただし、為替換算は2020年3月31日のものを使用)
【出所】各国中央銀行ウェブサイトおよび報道等を参考に著者作成

ですが、インドネシアやマレーシアのような「ソフト・カレンシー」とのスワップの場合、それらの通貨を入手して市場で売却すれば、相手国通貨が暴落してしまいます。これが「ソフト・カレンシー同士の通貨スワップ」の危険な点です。企業にたとえてみれば、中小企業がお互いに「融通手形」を出し合っているようなものでしょうか。また、アラブ首長国連邦(UAE)の場合は米ドルに「ペッグ」(固定)する金融政策を採用しているため、韓国がUAEディルハムを入手した場合、UAEとしてはそれを自国の外貨準備から一定のレートで米ドルに交換して韓国に引き渡さなければならない可能性がある、ということです。

さらには、韓国の当局は、「中韓両国は総額3600億元（500億ドル少々）の通貨スワップを保有している」と述べていますが、これについては事実なのでしょうか。じつは、中韓通貨スワップは2017年10月に、いったん失効しています。そして、通貨スワップ協定が切れた後になり、当時の韓国政府の高官らが「韓中両国はスワップを延長すると口頭で合意した」と一方的に述べたに過ぎませんし、中国側は現在に至るまで、否定も肯定もしていません。早い話が、韓国が通貨危機に陥り、中国に対して通貨スワップ協定に基づき通貨を引き出そうと申し入れたとしても、中国人民銀行はこれに応じてくれない可能性がある、ということです。また、この通貨スワップを引き出すことができたとして、韓国が通貨危機を防ぐことができるかといえば、微妙です。中国の通貨・人民元は香港など一部の市場で取引されている「オフショア人民元」を除けば、中国本土などで自由に米ドルなどに両替することは難しいでしょう。

さらに、万が一、中国の側が通貨危機に陥った場合などに、中国側が韓国に通貨スワップを引き出すと通告すれば、韓国としては韓国ウォンを中国側に引き渡さなければならないでしょうし、中国のことですから韓国ウォンを容赦なく売り浴びせるかもしれません。

つまり、危機に際して使えるのかどうかよくわからないし、韓国自身が危機に巻き込まれてしまいかねない、という意味で、どうも中韓通貨スワップが「危機に対する安全弁」として機能するようには思えないのです。

なお、カナダや米国とのスワップは「通貨スワップ」ではなく「為替スワップ」ですので、いわゆる通貨スワップ的な使い方は難しいといえるでしょう。

第4章

コロナが変える日本経済

2020年、未曽有の武漢コロナ禍が日本を襲いました。東京五輪は1年延期され、休校措置、事実上の鎖国措置、さらには緊急事態宣言などにより、ヒトの流れが停止し、飲食業などは非常に大きな打撃を受けました。ただ、それ以上に意識しなければならないのは、コロナショックが日本経済の在り方を大きく変えていくという可能性です。

① インバウンド観光からの脱却

武漢コロナウイルス蔓延《まんえん》の影響で日本政府が広範囲に入国拒否措置を講じたことの影響は、まずはインバウンド観光に出てきました。日本政府観光局（ＪＮＴＯ）が公表する「訪日外国人（推計値）」によると、２０２０年４月以降、日本に入国する外国人が激減しています。

たとえば、２０２０年４月に日本に入国した外国人は２９００人にとどまったそうです（図表①、ただし推計値）。２０１９年には、４月の入国者数としては過去最大となる２９３万人を記録していたため、一気に99・９％減少した計算です。また、５月に入国した外国人も１７００人だったそうであり、２７７万人だった前年同月と比べれば、やはり99・９％以上減少しています（ただし、ここでいう「訪日外国人」とは、航空機・船舶の乗務員や永住者などを含まない数値だそうです）。

いちおう、本書執筆日時点で手に入る報道などによれば、日本政府としては豪州、ニュージーランド、タイ、ベトナムの４ヵ国を対象に、ビジネス客などに限定し、１日あたりの人数制限を設けたうえで日本への入国を認めるなどの方針を打ち出しているようですが、全世界を対象とした観光旅行の解禁はまだまだ先のことでしょう。

「99.9%」の衝撃！

■図表①　2020年4月の入国者数（前年同月比）

国	入国者数（人）	減少率（%）
韓国	566,624→300	▲99.947
中国	726,132→200	▲99.972
台湾	403,467→300	▲99.926
香港	194,806→10	▲99.995
タイ	164,817→30	▲99.982
豪州	70,504→50	▲99.929
米国	170,247→300	▲99.824
英国	44,537→30	▲99.933
フランス	46,005→10	▲99.978
ドイツ	27,829→10未満	▲99.9以上
イタリア	24,062→10未満	▲99.9以上
入国者総数	2,926,685→2900	▲99.901

【出所】日本政府観光局（JNTO）データをもとに著者作成。なお、「10人未満」などの表記は元データのとおり。
※なお、「2900人」「300人」など、キリがよい数字である理由は、JNTOが速報する「推計値」は100の位までしか計算されないため。

つまり、今回のコロナ禍は日本のインバウンド観光産業にとって壊滅的な打撃をもたらしているのであり、この点については残念でなりませんし、今後のテーマとしては、政府による各種緊急支援も必要でしょう。ただ、そもそも観光というものは、世のなかの人々が平和で健康な生活を送っていることを前提として成り立つ産業であり、現在は日本に限らず、世界のほとんどの観光立国の観光需要が壊滅状態にあるはずです。そして、コロナ禍が完全に収束し、私たちが日常を取り戻すのに備えて、「観光産業がどうあるべきか」

について、今のうちから考え直す好機が訪れているといえます。

この点、そもそも論ですが、日本政府が現在掲げている「2020年4000万人」という「数値ありき」のインバウンド観光目標は、はたして正しいのでしょうか。

冷静に考えてみれば、政府・官庁が「数字ありき」で目標を作った場合、官庁としてはその「数字を達成すること」自体が独り歩きする傾向にありますし、こうした傾向はインバウンド観光産業についてもまったく同じです。すなわち、「日本観光がしやすい近場の国」からの観光客を増やそうとして、入国ビザ免除プログラムを含め、安易に入国要件を緩和する方向に圧力が働きやすいのです。

「旧共産圏で工場の成果は『生産した製品の総重量』で測定されるため、製品の軽量化が進まなかった」といった笑い話を聞いたことがあります。もちろん、このエピソードが事実なのかどうかはよくわかりません。しかし、役所の力学を考えるならば、「訪日客数」が重要な政策目標となってしまえば、それ以外の重要な政策目標（たとえば入国管理）が役所内で軽視され、観光目標がなければ緩和されなかったであろう国に対し、ビザ要件が緩和されてしまう、といった事態も発生しかねません。さらには、「インバウンド観光需要」を相手国から政治利用されるリスクも発生するのですが、これについては次節で具体例を挙げて説明しましょう。

②韓国の「ノージャパン運動」の被害は軽微

日本に入国した外国人が2020年3月以降急減した大きな理由は、日本政府がコロナ防疫を理由に、主要国に対して発動した入国拒否措置を講じているためです。ただ、「ある特殊な理由」により、コロナ禍が発生する前の時点で、すでにとある国からの入国者数が激減していたという事実を指摘しておく必要があります。

それが、韓国です。

近年、日韓関係の悪化がとどまるところを知らず、なかでも2018年秋に発生した「自称元徴用工判決問題」は深刻です。これは「戦時中に強制徴用工だった」と自称する者たちが韓国の裁判所で日本企業を訴えて勝訴した問題ですが、仮にこの判決を日本が受け入れたとすれば、1965年以降の日韓関係が法的基盤ごと転覆してしまいかねません。こうしたなか、この問題とは無関係に、日本政府は2019年7月、韓国に対する輸出管理体制の運用を厳格化・適正化する措置を発表したところ、韓国側はこれを自称元徴用工問題に対する「報復」だと勝手に勘違いしました。そして、韓国政府は日本側の措置を「不当な輸出『規制』」などと歪曲《わいきょく》したうえで、その「撤回」を求めていますし、さらには韓国国民の間では「ノージャパン運動」と称する運動が始まってしまいました。

「ノージャパン運動」の成果：訪日韓国人は「つるべ落とし」

■図表②　日本を訪れた韓国人の前年同月比

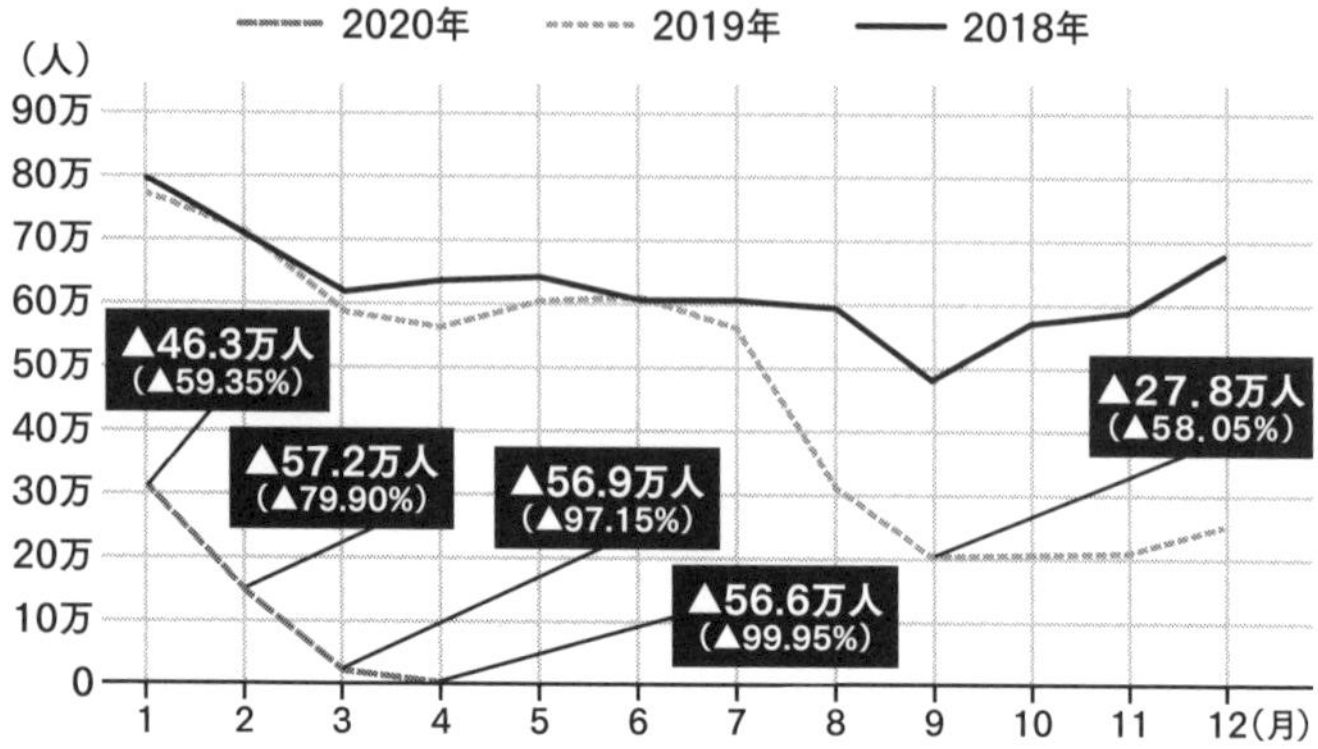

【出所】日本政府観光局データより著者作成

実際、日本に入国した韓国人が２０１９年８月以降、「つるべ落とし」のように急減している様子は、図表②でも明らかでしょう。その結果、２０１９年を通じて日本に入国した韓国人の人数は５５８万人に留まり、７５４万人だった２０１８年と比べて２００万人近くも減ってしまったのです。この点、中国人入国者などが増えたことの影響もあり、２０１９年を通じた入国外国人の総数は前年比69万人とプラスを維持しましたが、もしも日本に入国した韓国人の総数が２０１８年並みだったとすれば、入国者数は３４００万人を達成していたはずでしょう。

こうなったときには、得てして、明らかに本末転倒した主張が出てきます。つまり、「韓国人入国者数の急減は日本が輸出『規制』

で韓国を激怒させたからだ」、「観光客4000万人目標を達成するためには、日韓関係を改善し、韓国人観光客の皆さんに戻って来てもらわなければならない」、「そのためには輸出『規制』の撤廃が必要だ」、といったロジックです（実際、韓国や日本の複数のメディアは、社説などを通じて「輸出『規制』を撤廃せよ」などと主張しています）。

もっとも、韓国人観光客の急減は、地域によっては深刻な影響を生じているというケースもあるでしょうが、日本全体のインバウンド観光に打撃を与えているのかどうかは微妙です。というのも、観光庁が2020年3月に公表した『2019年の訪日外国人旅行消費額』という資料によれば、韓国人の一人あたり旅行支出額は8万円弱と諸外国に比べ圧倒的に低く、しかも平均値（約16万円弱）と比べ半額以下に留まっているからです。韓国から見て日本は「近場」でもあるため、1回の旅行でもさほど長く滞在しない、といった事情でもあるのかもしれませんが、韓国の「ノージャパン運動」が日本の観光産業に与える影響は、見た目ほどには大きくないのかもしれません。

③ 観光目標は「本分」に立ち返れ

観光産業が明白に政治利用された事例としては、2017年3月以降、中国が韓国に対して発動した「THAAD制裁」についても忘れてはなりません。

韓国政府が2016年7月、在韓米軍との間で韓国国内に高高度ミサイル防衛システム（THAAD）を配備することに合意したところ、「THAAD」がカバーする範囲が朝鮮半島を越えるとして中国政府が反発。中国国内で韓国向けの観光パッケージツアーの販売が制限されたことで、韓国を訪れる中国人が一時的に激減した、という事件です。韓国観光公社の数値で確認すると、たしかに2017年3月以降、訪韓中国人の人数が前年同月比で顕著に落ち込んでいることが確認できます。

この実例が私たちに教えてくれることは、中国という国が経済問題を政治利用する国である、という事実です。だからこそ、インバウンド観光需要を中国に依存し過ぎることは非常に危険です。

もちろん、実際の数値で見れば、中国人観光客は日本の観光産業にとってはありがたい存在です。観光庁が2020年3月に発表した『2019年の訪日外国人旅行消費額』という資料によれば、中国人の一人あたり旅行支出額は20万円を超えているからです。しか

中国の韓国に対する「THAAD制裁」の威力

■図表③ 訪韓中国人の推移（2016年 vs. 2017年）

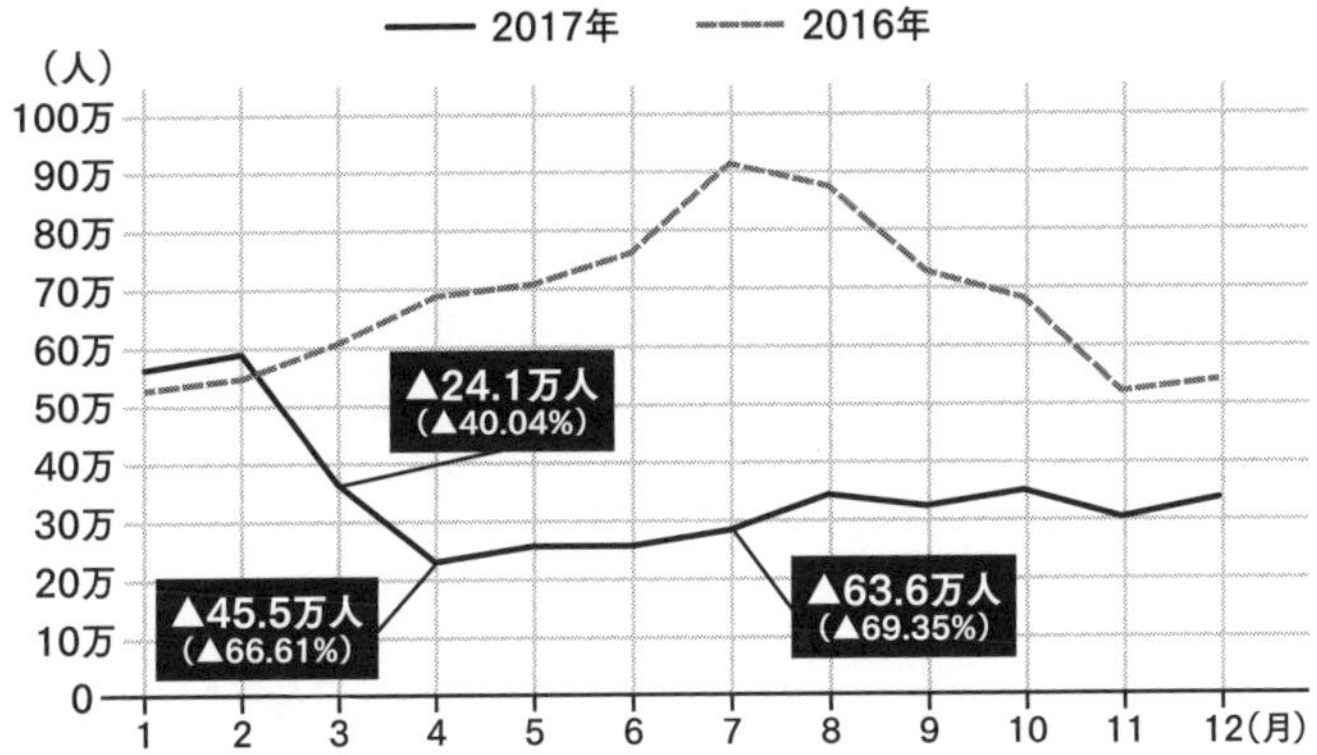

【出所】韓国観光公社統計より著者作成

し、第3章③でも確認したとおり、2019年を通じた訪日外国人のうちの3割が中国人で占められているという状況は見過ごせません。2017年の韓国に対する「THAAD制裁」の例に見るとおり、中国が政治問題を経済問題に悪用してくるという国である以上、同じようなことを日本に対しても仕掛けてくるという可能性は十分に考えられます。

この点、コロナ禍の影響で、外国人観光客誘致目標をゼロから立て直す必要が出てきたことは事実ですが、見方を変えれば、「外国人観光客数を数字目標として掲げることの弊害」を直視する好機でもあります。政府が具体的な数値目標を掲げると、それが相手国にとって政治的な「カード」として悪用されやすくなります。とくに、現在のように中韓両国からの入国者が外国人の入国者全体の半数前後を占めてしまうという状況は、日本の中韓両国に対する政治的立場を弱める方向に働きかねません。この点を踏まえるならば、いっそのこと「数値目標」自体を政策目標から外してしまうべきではないでしょうか。

もちろん、そもそも論として「インバウンド観光産業を振興する」という点自体は、決して悪いことではありません。なぜなら、①カネを落としてもらうことと、②日本に良いイメージを持ってもらえること、という「ふたつの効果」が得られるからです。

この点、日本は独自の伝統建築物や伝統文化、美しい自然などもさることながら、新幹線に代表される最先端の技術と大都会の高度な社会インフラ、美味しい食事、治安の良さなどの条件を兼ね備えているため、観光立国としてのポテンシャルは十分です。

コロナ禍自体は不幸であったにせよ、すべては前向きに捉えるべきです。すなわち、地域振興とセットにした良質な観光資源の掘り起こしと開発、外国人一人あたり旅行支出の最大化、特定国に偏ったインバウンド需要の見直しなどの好機が訪れている、という言い方もできるのではないでしょうか。

④コロナは中韓なしのサプライチェーンを組み直すチャンス

第3章でも議論しましたが、現在の日本はシンプルな「加工貿易モデル」の国ではありません。日本の輸出品目を分析すると、最終消費財である自動車の輸出額はたしかに多いのですが、それよりも、資本財や中間素材などの「モノを作るためのモノ」の輸出が非常に多く、いわば、「最終消費国」ではなく「加工国」に対して製品を輸出することで稼ぐという構造を取っているのです。

その典型例としてわかりやすいのが韓国に対する輸出でしょう。第3章⑪で確認したとおり、日本は対韓貿易では2019年に2兆円近い黒字を計上していますが、輸出品目の多くは資本財・中間素材であり、最近は資本財や中間素材の逆輸入も増えている状況です。このことは、日本が当初、韓国に対して資本財・中間素材を輸出するという「迂回貿易モデル」を取っていたものの、韓国の産業が日本に対してキャッチアップしたことにより、次第に水平分業に移行しつつあるという証拠です。

さらに、中国との貿易に関しては、日本は中国に資本財・中間素材・最終消費財を輸出しているものの、現実には中国からの最終消費財（PC、スマートフォン、衣料品など）の輸入の方が多く、日本は中国に対して2019年に3兆円を超える貿易赤字を計上してい

「中国進出」の理由、もうなくなった？

■図表④　中国進出の「うたい文句」と実態

項目	「うたい文句」	現実には…
「14億人の市場」	「経済成長著しい中国には14億人という人口がおり、日本企業にとっては市場として魅力的だ」	貿易統計で見る限り、最終消費財に関しては、日本が輸出する金額よりも日本が輸入する金額が大幅に上回っている（2019年を通じた対中貿易赤字は3兆円を超えている）
「安価な製造拠点」	「安くて良質で豊富な労働力が存在している」	賃金・物価上昇などにともないコスト面での中国での生産の優位性は薄れている
「日中友好」	「経済的に中国と結びつくことで、日中は未来に向けて発展していく」	日本に対する2010年のレアアース禁輸騒動、韓国に対する2017年のＴＨＡＡＤ制裁など、中国は経済問題を政治利用する国であり、中国進出企業にとっては事業リスクが極めて大きい

【出所】著者作成

ます。つまり、日本は中国との貿易では、「加工貿易モデル」でも「迂回貿易モデル」でもなく、今や日本が「最終消費財の輸入国」に転落している格好です。

この点、某経済新聞は２０００年代に、「これからは中国の時代だ！」などとして中国進出をさかんに煽《あお》りました。その際のうたい文句は、「中国は安くて良質な人件費を武器に製造拠点として魅力的だ」というものに加え、「中国が経済発展を遂げれば、14億人の人口を抱える一大消費大国が出現する」という観測があったはずです。もしこの某経済新聞の観測が実現していれば、日本はその「加工大国」としての中国に対し、資本財・中間素材などの「モノを作るためのモノ」を輸出するだけでなく、「消費大国」としての中国に高価な日本製品を大量に輸出し、巨額の貿易黒字を計上している、という状況になっていなければおかしいはずです。

しかし、現実には日本は中国に対し、毎年、巨額の貿易赤字を計上しています（※もっとも、貿易赤字の一部は中国人観光客が日本で「爆買い」することで回収できている、という側面もあるのですが……）。さらには、近年、中国における人件費が上昇し、中国で生産することのコスト優位が薄れている、という側面もあります。

正直、某経済新聞の２０００年代の予測が大きく外れた以上、日本企業がこぞって中国に進出する必然性はなくなってしまっているように思えてなりません。

ただし、産業の世界では、いったんある国に進出したり、サプライチェーンに組み込んだりすると、そうした関係を清算するのは難しいのが実情です。その意味では、現在のコロナ禍で、中国、韓国などとの人的往来の断絶が生じていることは、中長期的に見て、日本企業が中韓との距離感を考え直すうえでの非常に良いきっかけになるのかもしれません。とくにコロナ禍は衛生マスクなどの供給に混乱をもたらしましたが、これが日本企業にとって、製造拠点の日本回帰やＡＳＥＡＮへの分散の必要性をあらためて認識するきっかけになるとすれば、「災い転じて福となす」の好例となるのかもしれません。

⑤ 新聞はいらない

コロナウィルスの蔓延は、間違いなく日本を変え始めています。

本書執筆時点において、日本全国を対象とした緊急事態宣言はようやく解除されたものの、依然として街中ではマスクを着用している人が目立ちますし、また、商業施設なども完全に営業再開したわけではありません。さらには、多くの企業は出張や接待を自粛していると聞きます。日本経済が以前のような姿に完全に戻るのはいつなのか、現時点ではよくわかりません。

コロナショックというものは、間違いなく、「経済ショック」という側面を持っています。2020年第1四半期（1－3月期）GDP（実質季節調整後・年率）は第2次速報値でマイナス2・2％ですが、これはまだ日本経済が「自粛」に沈む前のベースであり、日本経済への打撃はこれから本格化することは間違いないでしょう。

また、インバウンド観光、つまり外国人観光客の入国の再開についても、欧米諸国を含めた諸外国ではいまだにコロナの混乱が続いているため、入国制限措置は続く可能性があります。日本人が当面、気軽に海外旅行に行けないのと同様、外国人が日本に観光客としてやってくることができるようになるのはまだまだ先のことでしょう。

こうしたなか、コロナ騒動を受け、大きな影響を受ける可能性があるのは、前時代的で非効率な仕組みです。なかでも大きな岐路に立たされているのは紙媒体の新聞です。考えてみれば、一般家庭に新聞の朝刊が投函されるのは、早くても朝5時台でしょう。しかし、その新聞が刷り上がるのは、逆算して午前2～3時ごろであり、地域や交通事情によってはさらに時間が経過します。ビジネスマンが自宅に配られた新聞を通勤電車で読む場合、その新聞に掲載されている情報は、下手をすると7～8時間前のものを読んでいるのです。これに対し、スマートフォンだとリアルタイムで最新の情報が配信されて来ます。「新」聞と言いながら、掲載される情報の鮮度は非常に古く、また、紙媒体で嵩張《かさば》るという事情もあるため、非常に使い勝手が悪いのですが、それでもこれまでは惰性で新聞を取っていたという家庭も多いでしょう。しかし、これがコロナショックによって一気に変わるかもしれません。なぜなら、コロナを受けて生活を見直すようになると、人々は無駄なものの支出を減らすかもしれないからです。

実際、すでに一部では、今回のコロナ騒動で折込チラシが激減しているという話や、新聞に出稿される広告が激減したという話も耳にします。購読者が減少すれば、広告の出稿も減るのはある意味では自然な流れですが、このあたり、コロナの影響でどこまで新聞社などの経営に影響が生じたのか、今後のデータをぜひとも分析したい点です。

⑥ネットに奪われるテレビ

コロナ蔓延の影響で変わって行かざるを得ない「既得権」は、ほかにもあります。それが、地上波テレビ局です。

もともとNHKを除く民間地上波テレビ局の経営は、視聴者からカネを取るのではなく、無料で番組を流し、広告主（スポンサー）から広告を出稿してもらい、広告料を払ってもらうというビジネスモデルで成り立っています。ただ、今回の武漢コロナ禍の影響で、テレビ局各社は2020年4月から6月にかけて、屋外での取材・ロケ活動などに支障が生じたほか、一部のドラマやアニメなどは制作自体ができなくなった事例も生じたようです。もちろん、こうした現象は、コロナ禍による一過性のものだと思われますが、ただ、こうした状況は「視聴者のテレビ離れ」が一気に進むきっかけになる可能性もあります。その最大の要因は、インターネット動画サイトの充実にあります。

考えてみればわかりますが、地上波テレビの場合、放送時間にあわせてテレビの前に座っていなければなりません（いちおう「録画」もできるのですが……）。また、テレビだと、視聴者は番組に対してコメントを付すということはできませんし、「いいね」ボタンを押すこともできません。だいいち、地上波テレビだと、視聴可能なチャンネルは多くてもせいぜい10前後、といったところでしょう（居住地にもよりますが……）。

これに対し、インターネットのテクノロジーの進歩は著しく、動画サイト「ユーチューブ」の場合だと、日々、数百万という動画が投稿されています。また、著者の調べによれば、「チャンネル登録者」が100万人を超えている日本語のチャンネルは、2020年6月時点で200以上存在しています（※ただし、「チャンネル」の概念は、地上波テレビと動画サイトでは異なっているため、単純比較はできませんが……）。さらには、たいていの動画サイトでは、「視聴回数」ないし「動画再生回数」が表示されますし、多くの場合、投稿された動画に「グッド評価」「バッド評価」を付けることができます。さらには、動画の投稿者の設定次第では、視聴者がその動画に対し、直接にコメントを投稿することも自由ですし、視聴者同士でその動画についてディスカッションをしたりすることもできてしまいます。いずれも地上波テレビでは実現できないことばかりですね。

さらには、「アマゾンプライムビデオ」や「ネットフリックス」などの有料動画配信サイトの場合、契約次第では月額ほんの数百円で、地上波テレビを上回る高画質な映画、ドラマ、アニメなどのさまざまなコンテンツをインターネット経由で自由に視聴することができます。

つまり、ユーザー（視聴者）の立場からすれば、前世紀のような旧態依然とした地上波

ポストコロナで地上波テレビは廃れる?

■図表⑥ 地上波テレビと動画サイトの比較

特徴	地上波テレビ	動画サイト
チャンネル数	視聴可能チャンネルは、居住地域にもよるが、最大でもせいぜい10チャンネル前後(東京都の場合、NHK2チャンネル、全国ネット5局、東京ローカル局に加え、地域によっては近接県のローカル局が視聴可能)	視聴可能な動画は無限に存在する。たとえば、チャンネルの概念自体は地上波テレビと異なるものの、ユーチューブの場合、著者調べでは登録者数百万人を超える日本語チャンネルは200以上に達している
視聴数	地上波テレビはダイレクトに「視聴数」を公表しているわけではなく、「視聴率」という指標で代替されている	ユーチューブやニコニコ動画の場合、再生画面の近くに「視聴回数」ないし「再生回数」が表示されている
評価	視聴者がテレビ番組に対して直接に「高評価」「低評価」を付すことはできないし、番組に対する視聴者の評価結果を他の視聴者が共有することもできない	ユーチューブの場合、「高評価」「低評価」をボタンで押すことが可能であり、動画投稿者の設定次第では、評価結果はリアルタイムで視聴者が共有可能
フィードバック	視聴者がテレビ番組に対し、思ったことを自由にコメントするという機能はないし、それを他の視聴者が見ることも不可能	たいていの動画サイトでは、投稿者の設定次第では、視聴者がその動画にリアルタイムでコメントを寄せることが可能であり、それをほかの視聴者が読むことも可能

【出所】著者作成

テレビではなく、利便性からすれば、インターネット上の動画配信サイトにシフトして行かざるを得ないのです。こうした点からも、コロナ禍を契機に、今後、地上波テレビからの視聴者離れが一気に進むのかどうかについては、気になるところだと言わざるを得ません。

⑦ 新聞・テレビから人材も離れる

前2節で新聞業界、テレビ業界について触れたので、ついでにもうひとつ紹介しておきたいのが、スポンサー離れとクリエイター離れです。

まず、広告費については、株式会社電通が2020年3月に公表した『2019年　日本の広告費』というレポートが興味深いです。これによると、2019年を通じた広告費は、テレビ広告費が1・9兆円であるのに対し、インターネット広告費が2・1兆円で、史上初めてインターネットがテレビを上回りました。しかも、少なくともインターネット広告費は今世紀に入ってから右肩上がりで伸び続けていて、590億円だった2000年と比べれば、この20年間でじつに約36倍に伸びた計算です。これに対してテレビ広告費は今世紀に入り、ほぼ横ばいが続いています（つまり成長率はほぼゼロです）。新聞に至っては、今から10年以上前の2009年の時点で、すでに広告費ではインターネットに追い抜かれています。

考えてみれば当然です。インターネットの場合、広告を出したことによる効果が目に見えますし、昨今のネット技術の向上もあり、ターゲットを絞った広告などを出すことも簡単です。しかし、テレビの場合はそもそも「視聴率」という指標自体が不透明ですし、新聞に至っては高齢化などにより、そもそも読者層が偏っているとの指摘もあります。

こうした読者・視聴者離れ、広告主離れと並んで、もっと深刻なのが、クリエイター離れです。一部のメディアの2020年2月ごろの報道によれば、最近、外資系のネット動画配信企業が高額の年俸をエサに、わが国のテレビ局から若い優秀なクリエイターを引き抜いている、などの情報も目にします。この情報が正確なのかどうかはよくわかりませんが、自然に考えて、予算も潤沢に使え、成果が上がればどんどんとボーナスも出て来るとなれば、若くて優秀なクリエイターがこうした外資系企業に引き抜かれていくのは当然の流れといえるかもしれません。

つまり、現時点で確認できる情報を集める限り、地上波テレビに関しては視聴者離れ、広告主離れ、クリエイター離れの「三重苦」が生じているようです。また、紙媒体の新聞に関しては、「記者離れ」が進んでいるという報道はあまり目にしませんが、それは①単に著者の調査が足りないからなのか、②紙媒体の新聞業界が魅力的過ぎて誰も離職したくないと思っているからなのか、はたまた③すでに新聞業界に「他業界が引き抜きたいと思うほどの人材」が枯渇してしまっているだけなのか、については、よくわかりません。

しかし、コロナ禍で新聞、テレビ業界が大きな影響を受けるのではないか、といった見方については、あながち見当外れというものでもなさそうに思えるのです。

⑧利権野党の崩壊

ポストコロナ時代で破壊されつつある「既得権」のひとつが、「利権野党」です。

コロナ禍のためでしょうか、2020年4月から5月にかけて実施されたマスメディア各社の世論調査によれば、内閣支持率は低迷し、調査によっては内閣不支持率が支持率を大きく上回っているケースもあるようです（ただし、一部の社が2020年6月19日に、自社が実施する世論調査に不正があったと発表していることなどを踏まえると、マスメディアが実施する世論調査に全幅の信頼を置くべきではないのかもしれませんが……）。

自然に考えたら、内閣支持率が低下している局面というものは、野党にとってみれば、政府・与党の失策を突き、素晴らしい対案を続々と出すことで、政権交代を実現するための重要なチャンスでもあります。

ところが、非常に不思議なことに、内閣支持率が低迷しているにもかかわらず、不思議と野党に対する支持率が伸びている形跡はありません。それどころか、いくつかのメディアの調査によれば、最大野党であるはずの立憲民主党に対する支持率は、一時的に日本維新の会に抜かれているのが確認できます。

それだけではありません。2020年4月に実施された静岡4区の衆院補選では、内閣支持率が低迷し始めているにもかかわらず、自民党の候補者が野党統一候補などに大差で勝利しているほどです（もちろん、これは個別選挙区の話であり、必ずしも日本全体の世論を示すものではありませんが……）。

ではなぜ、野党、とりわけ野党第1党である立憲民主党に対する支持率は上昇しないのでしょうか。

その理由はやはり、コロナ禍の最中にもかかわらず、安倍政権のコロナ対策への対案をほとんど出さなかったばかりか、政権のスキャンダルを追いかけまわし、審議拒否などで国会を停滞させたことが、有権者に嫌気されたからではないでしょうか。

もっといえば、立憲民主党などを中心とする一部野党の国会議員の挙動を眺めていると、「国会議員としての高額の歳費を得ながら、適当に官僚を呼びつけて怒鳴り散らし、王様気分を味わい、適当に政府の揚げ足を取って有権者に支持してもらう」ことが目的化しているように思えてなりません（余談ですが、そんな野党を批判しない新聞・テレビなどのメディアも同罪でしょう）。

つまり、特定野党の国会議員らは、「自分たちが国会議員でいること」が最も大切なのであり、責任を伴う政権与党になるつもりはないのではないか、という仮説が浮かんでくるのです。そして、こうした「無責任な利権野党」の矛盾が、コロナ禍で一気に露呈した

内閣支持率の低迷と無関係にズッコケる立憲民主党

■図表⑧-1　2020年5月から6月にかけての内閣支持率調査

メディアと調査日	支持率（前回比）（%）	不支持率（前回比）（%）
朝日新聞（5/23〜24）	29.0（▲4.0）	52.0（＋5.0）
共同通信（5/29〜31）	39.4（▲2.3）	45.5（＋2.5）
時事通信（郵送）（5/21〜1）	38.1（▲1.2）	61.3（＋22.5）
日経・テレ東（6/5〜7）	38.0（▲11.0）	51.0（＋9.0）
読売新聞（6/5〜7）	40.0（▲2.0）	50.0（＋2.0）

■図表⑧-2　4月以降の政党支持率の例

メディアと調査日	維新（%）	立憲（%）
毎日新聞（4/18〜19）	6.0	5.0
共同通信（5/8〜10）	8.7	6.9

【出所】各社の世論調査より著者調べ

ことが、コロナショックの「隠れた成果」だったのかもしれません。

いずれにせよ、コロナショックは、日本に存在する古い利権体質である新聞、テレビ、野党議員などの矛盾を炙《あぶ》り出しました。そして、こうした「既得権益」がコロナ後も生き延びていくのか、それとも淘汰《とうた》されていくのかについては、非常に興味深い論点であるといえるでしょう。

⑨ 大胆な減税で危機はチャンスに変わる！

本書をまとめておきましょう。

日本経済を復活させるためには、大胆な減税が必要ですし、また、中国などに偏り過ぎた製造拠点の分散や日本国内への回帰などを通じて、国内産業を振興していくなどの対策も必要です。ところが、製造拠点の日本への回帰や国内消費・投資の刺激には、どうしても財源が必要です。とくに２０１９年10月に行われた、消費税・地方消費税の増税は、財政再建に加え社会保障財源の確保という大義名分がありましたが、増税した直後に国債を大胆に増発するということは、はたして可能なのでしょうか。

結論的にいえば、日本は財政危機ではありません。いや、もう少し正確には、日本は「国の借金」が多過ぎるのではありません。国内に有り余る金融資産を日本国内に還流させるためには、むしろ国債の大増発が必要です。わが国の資金循環構造から判断して、日本は少なく見積もって３７２兆円の国債発行余力があります。

ただ、このようなことを申し上げると、必ず出てくる反論が、「そんなことをしたら国債金利が暴騰して財政破綻するぞ」、「国債を引き受けてくれる人がいなくなって日本国債がデフォルトするぞ」、というものです。しかし、この20年間、日本では国債金利が暴騰したことがありましたか？　10年債利回りは2%以上に上昇したことがありましたか？　現在の日本では、国内投資家が国債を買えないほどの資金不足に陥っているのですか？

答えは「NO」です。少なくとも現在の日本では、日銀の巨額の金融緩和により、市場に出回る国債が日銀に「横取り」されている格好となっており、預金取扱機関を筆頭とする、巨額の資金余剰を抱えた機関投資家は投資対象に飢えている状況です。著者のいくつかの試算に基づけば、300〜500兆円ほどであれば、国債を増発したところで、国内の投資主体が問題なく吸収してくれます。

また、あらためて思い出していただきたいのが、「国債デフォルトの3要件」です。これは、国債がデフォルトするためには①国内投資家、②海外投資家、③その国の中央銀行、のいずれも国債を買ってくれないという状況が同時に生じる必要がある、というものであす。この点、日本の機関投資家は数百兆円の資金余剰を抱えており、かつ、日本は自国通貨建てで国債を発行しているため、「①国内投資家が買ってくれない」、「③中央銀行が買ってくれない」という条件を満たすことは、まずあり得ません。

さらにいえば、日本円という通貨自体が国際的に通用する「ハード・カレンシー」であるため、日本円建ての投資対象に飢えているという事情は外国人投資家も同じです。仮に日本政府が日本国債を大胆に増発した場合には、外国人投資家も日本国債に群がるように買ってくれることは間違いありません。

すなわち、日本は現在、大胆な国債増発と消費税の減税（あるいはゼロ％軽減税率の適用）、法人税・所得税の大胆な減税などにより、国内消費・投資を喚起するとともに、海外に逃げてしまった日本企業を呼び戻すという、非常に重要な好機に直面しているのです。

２０１９年の消費税の増税は、日本経済にとっては大きな過ちであったことは間違いありませんが、それと同時に人間は「過ちを犯す存在」です。大事なことは、「過ちを犯さないように気を付ける」ことだけではありません。「過ちを認めてそれを修正すること」でもあるはずです。

非常に幸いなことに、日本は国内に資金が有り余っており、日銀が大胆な金融緩和政策を講じており、日本円自体が国際的なハード・カレンシーであるという点で、大胆な減税と国債増発により経済を再生させるという選択肢を取ることができます。今こそ、増税原理主義の過ちを認め、正しい処方箋で日本経済を復活させるときではないでしょうか。

新宿会計士の政治経済評論とは

新宿会計士の政治経済評論は、ビジネスマンで金融評論家でもある著者が「読者の知的好奇心を刺激すること」を目的に運営する独立系の匿名ウェブ評論サイト。「公表されている情報」「客観的な証拠」などをもとに、できるだけ透明で誰にもわかりやすい議論を通じて、政治、経済などについて多角的に考察する。2016年7月に開設して以来、アクセス数は順調に伸び続け、2019年8月には1日あたりのページビューが20万PVを突破。現役医師や理系研究者、エンジニアなどその道のプロからの読者投稿も多数。新聞・テレビの衰退のさなか、既存メディアにはない高品質なウェブ評論サイトを目指している。

新宿会計士の政治経済評論
https://shinjukuacc.com/

数字でみる「強い」日本経済

2020年8月1日　第1刷発行

著　者　新宿会計士の政治経済評論
発行者　唐津 隆
発行所　株式会社ビジネス社
〒162-0805　東京都新宿区矢来町114番地 神楽坂高橋ビル5F
電話　03(5227)1602　FAX　03(5227)1603
http://www.business-sha.co.jp

〈装幀〉中村聡　〈本文組版〉坂本泰宏
〈印刷・製本〉中央精版印刷株式会社
〈編集担当〉佐藤春生　〈営業担当〉山口健志

ISBN978-4-8284-2195-7

ビジネス社の本

コロナ大恐慌 中国を世界が排除する

「大恐慌」再来に
ソフトバンクがやばい！

【著】宮崎正弘・渡邉哲也

苦境にあえぐ
「親中企業」に迫りくる倒産ドミノ――
あの会社は本当に大丈夫か？
中国高依存度の日本企業総点検！

定価　本体1400円＋税
ISBN978-4-8284-2177-3

本書の内容